Ik heb Alzheimer

Ander werk van Stella Braam bij Nijgh & Van Ditmar:

Grijze wolven. Een zoektocht naar Turks extreem-rechts (1997)
Tussen gekken & gajes. Avonturen in de undercoverjournalistiek (2003)
Ik blijf thuis! Het verhaal van mijn moeder (2008)
Uitweg. Een waardig levenseinde in eigen hand (samen met Boudewijn Chabot, 2010)

STELLA BRAAM

Ik heb Alzheimer

Het verhaal van mijn vader in deze tijd

NIJGH & VAN DITMAR
AMSTERDAM

Dit boek kwam mede tot stand dankzij financiële steun van:
Zorgverzekeraar Achmea (Zilveren Kruis Achmea, Groene Land Achmea en PWZ Achmea)
Stichting Bijzondere Journalistieke Projecten
Stichting Elisabeth Strouven
Stichting Sluyterman van Loo
Stichting Lambert van Middelhoven
Stichting tot Steun VCVGZ
Stichting Alzheimer Nederland
AAG adviesgroep

Deze update kwam tot stand dankzij de hulp van Camille van Neer, de zoon van René. Onze dank gaat ook uit naar prof. dr. Rien Vermeulen, meelezer van het nieuwe hoofdstuk over de medicijnen.

Om de privacy van de betrokkenen te beschermen, zijn sommige namen in dit boek vervangen door schuilnamen of initialen. Bepaalde namen daarentegen worden wel genoemd, bijvoorbeeld die van leidinggevenden en gezagsdragers die Stella Braam op grond van hun functie te woord stonden.

MIX
Papier van verantwoorde herkomst
FSC® C116331
www.fsc.org

www.nijghenvanditmar.nl

Eerste druk 2005
Zevende, gewijzigde druk 2007
Elfde, gewijzigde druk 2015

Omslag Moker Ontwerp
Foto auteur Koos Breukel
NUR 320 / ISBN 978 90 388 9965 7

INHOUD

VOORAF BIJ DE ELFDE DRUK

'U hebt nergens recht op'

Welkom in deze nieuwe, herziene editie van *Ik heb Alzheimer*. Mijn vader René, de psycholoog die de diagnose Alzheimer kreeg en in 2007 overleed, is nog steeds graag uw gids bij de fascinerende reis door de wereld van dementie. 'Voor een mens alléén is het niet te dragen,' zegt René in dit boek. En hij komt meteen met een oplossing: 'Een ontmoeting met een ander is voor mij van een *extatische* waarde.'

Zeker, je leeft met een beperking maar die kan draaglijk zijn als je omringd bent door mensen – professionals en mantelzorgers – die jou begrijpen en liefdevol vergezellen op je reis. Maar zijn er wel voldoende 'reisleiders'? Daarover zijn ouderen ongerust, zo blijkt tijdens mijn lezingen over *Ik heb Alzheimer*. Wie helpt mij bij de zorg voor mijn partner? Wie zorgt voor mij als *ik* aan de beurt ben? Verzorgingshuizen sluiten en er is minder thuiszorg. Je moet voortaan eerst een beroep doen op je eigen netwerk: kinderen, partner, buren en vrienden. Het bekende CDA-lid Hannie van Leeuwen verwoordde deze zelfhelptrend op een bijeenkomst van ouderen zo: 'U hebt nergens recht op.'[1]

De contouren van de ontzorgcultuur worden zichtbaar. Om hulp te krijgen moet je assertief, zelfredzaam en goed geïnformeerd zijn. En ook over geld beschikken. Onder de ('informatie'-)armen is wrok ontstaan. Zij kunnen de weg in de zorgjungle niet vinden en voor hen geen 'zorghotel'. Particuliere zorginstellingen zijn booming business – heb je er het geld voor dan zit je goed. Vreemd dus dat de moeder van staatssecretaris van Volksgezondheid Martin van Rijn (PvdA, zorg) in een shabby verpleeghuis is beland, zoals de media november 2014 hebben bericht[2].

Ik heb Alzheimer is helaas nog steeds actueel. De Inspectie voor de Gezondheidszorg komt jaar in jaar uit met sombere rapporten. Het personeel is nog steeds niet deskundig genoeg, de veiligheid van de medicijnen blijft een groot probleem en de bewoners worden nog te veel in hun vrijheid beperkt. Juni 2015 brengt de Inspectie weer een rapport uit. Daarin staat onder andere dat instellingen te weinig aandacht hebben voor 'onbegrepen gedrag' van mensen met dementie. En dat elke instelling psychofarmaca (gedragsbeïnvloedende medicijnen) inzet maar er slechts zelden naar streeft om deze (volgens de richtlijnen) af te bouwen (zie www.igz.nl).

In veel culturen geldt dat huilende baby's direct worden getroost. Maar als ouderen met dementie lawaai maken, heet dit 'probleemgedrag' en worden veel van hen volgestopt met ziekmakende medicijnen, zoals u zult lezen in het nieuwe hoofdstuk 'Dood door medicijnen?' Zelfs in het wereldwijde voorbeeldproject, het 'Alzheimerdorp' De Hogeweyk, zijn ze met die pillen omgegaan. Aan dit hoofdstuk heeft Camille van Neer, de zoon van René, een belangrijke bijdrage geleverd.

Hoe nu verder? De miljarden verslindende Alzheimerindustrie heeft dé pil tegen het ouder wordende brein nog steeds niet uitgevonden. En steeds meer mensen zijn gaan beseffen dat die wonderpil een illusie is. Daarom staan we voor de uitdaging hoe we mensen met deze beperking hun plekje onder de zon kunnen laten behouden. Hoe kunnen we het zo organiseren dat ze erbij blijven horen? Ik hoop dat dit boek bijdraagt tot een beter begrip van de medemens die de weg kwijt dreigt te raken, en dat het inspireert tot het nemen van mooie initiatieven. Veel leesplezier!

Stella Braam, Amsterdam, juli 2015

1

AMOK IN HET ZORGCENTRUM

René heeft zijn afdeling gegijzeld. 'Hij loopt hier iedereen te bedreigen,' zegt de verzorgende die belt. Zodra ze de kans kreeg, is ze naar de glazen observatiepost gevlucht en draaide mijn nummer.

'Hij staat met zijn stok te zwaaien en roept: "Ik weiger nog langer in dit internaat te werken, het is pure geldklopperij." Wat ik ook probeer, ik krijg hem niet rustig,' vervolgt ze buiten adem.

Op de achtergrond hoor ik mijn vader schreeuwen: 'Waarom accepteert u dit? Pak uw spullen! Ga huiswaarts!'

'Kunt u alstublieft kómen?'

'Meteen. Maar geef hem eerst even zelf.'

'Meneer Van Neer, uw dochter aan de lijn!'

'Ha Stelletje.'

'Dag pap, hoe gaat het met je?'

'Wat moet ik zeggen? Het heeft ook wel wat komisch. Twee dames zitten mij nu te bespieden, maar beseffen niet dat ik hen dóórheb.'

'Pap, ga naar je kamer en wacht daar op mij.'

'Heb ik hier dan een kámer?'

Vooruit, zijn dochter zal hem niet voor de gek houden. René richt zich nog eenmaal tot zijn angstig publiek: 'Ik raad u aan niet in deze telefoon te kijken. Wat u te zien zult krijgen, is toch niet aan u besteed.' De hoorn gaat erop.

Het is 19 mei 2004. Mijn vader die zijn afdeling in zijn greep houdt, is een gepensioneerde psycholoog van 78 jaar. Klein van stuk met schoenmaat 46. Een 'ietwat aparte en eigengereide man', beschikkend over 'voldoende levenslust', maar met een 'uitermate sceptisch wereldbeeld', aldus zijn medisch dossier. De avond dat hij amok maakt, verblijft hij sinds een klein halfjaar in zorgcentrum Koepelhof, Maastricht, omdat hij de diagnose Alzheimer heeft.

Hopelijk heeft René mijn advies opgevolgd en is hij zijn kamer gaan zoeken. Hij zal met wankele tred door de gang stappen, op zoek naar de plek waar hij naar verluidt woont. Maar waar moet hij wezen? Alle deuren zijn geschilderd in hetzelfde paarsrood, met zilverkleurige bordjes waarop in piepkleine letters de naam van de 'bewoner' staat geschreven.

Misschien loopt hij wel drie keer hetzelfde stukje door de gang, totdat hij die ene deur bespeurt met een slordig geplakt papier waarop in grote letters staat: RENÉ VAN NEER. Daar houdt hij, als altijd, stil.

Zijn naam staat er echt. Het zal toch geen valstrik zijn? Hij zal, uiteindelijk, in de blauwe stoel bij het raam gaan zitten, om te wachten op... ja, op wie? Wie had hij zojuist aan de telefoon?

Een halfuur later ren ik de trappen op. De 'huiskamer' op de derde verdieping, de afdeling met voorzieningen voor mensen met dementie, is verlaten. De bewoners zijn ijlings vertrokken naar hun kamers, 'appartementen', met de deur op slot.

De amokmaker zit in zijn leunstoel voor het raam op zijn kamer, de tv op volle sterkte. Voetbal, daar houdt hij niet eens van.

'Wat is er gebeurd?' vraag ik bezorgd.

Hij knijpt zijn ogen dicht. 'Ik liep rond op een zaal...' René ziet wazige beelden die even snel opdoemen als dat ze weer verdwijnen. 'Boze gezichten. Een nerveuze vrouw. Ruzie? Ik weet het niet precies.' Hij komt abrupt overeind en drentelt rond in zijn kamer met een bed, stoel, kasten en een klein bureau.

'Wat staat mij morgen te wachten? Kan het zijn dat er een verpleegster komt?'

'In de ochtend staat er een verzorgende voor je deur,' zeg ik. 'Die zal je helpen met wassen en aankleden.'

'Ik wil dat wel beperkt houden, als het kan. Het is geen pretje wanneer vreemden aan je lijf sjorren.' René kijkt me vertwijfeld aan. In wat voor een oord is hij beland? 'Is dit een ziekenhuis? Een internaat? Een zórginternaat?'

'Je bent in een zorgcentrum.'

'Waar is die zorg dan?'

'Ga maar rustig slapen.'

'Slápen? Waarom?'

'Omdat het laat is. Zal ik je helpen met je pyjama?'

'Nee, ik wil mijn kleren niet uit. Absolúút niet. Ik moet paraat zijn voor als ze komen.' Ze: de bende van 'criminelen en precriminelen' die hem belet naar huis te gaan.

Op de gang klampt de verzorgende me aan, een jong meisje nog. 'De bewoners waren doodsbang. Ze durfden niet op te staan,' zegt ze. Zijzelf was net zo bang. 'Hij dreigde met zijn stok, en ik stond er alleen voor.'

Een magere vrouw met het haar in dunne, donkere slierten, sjokt achter een rollator naar ons toe. 'Uw vader heeft de zusters met bestek bekogeld,' steekt ze van wal. 'En laatst stond hij met een koffiekan te zwaaien.'

‘Hij doet dat niet expres,’ leg ik haar uit. ‘Hij heeft dementie.’

Ze knikt, leunt op de handvatten van haar rolhulp en zegt: ‘Daar hebben hier meer van ons last van. Daarom zeg ik ondanks alles altijd vriendelijk: “Goedemorgen, meneer Van Neer.”’

De verzorgende werpt een blik op haar horloge. Ze moet naar de vijfde verdieping met dertien ‘zwaar demente’ bewoners. Als we naar de trap lopen, klinkt uit een van de kamers: ‘Zúster! Zúster!’

‘Moet u niet naar haar toe?’ vraag ik haar.

‘O nee, daar heb ik helemaal geen tijd voor.’ Koepelhof telt ’s nachts twee verzorgenden op achtentachtig bewoners. ‘En trouwens, zo ligt ze de hele nacht te kermen.’

Het zit haar dwars, roept ze, als ze de trap naar de vijfde beklimt: ‘Als ik na m’n werk in m’n auto stap, galmt het nog na: “Zúster! Zúster.”’

2

BRIEFJES, BRIEFJES!

Juni 2003. René woont in een ruime flat, begane grond, Anna Paulownahof, Tilburg, vlak bij het centrum. Op de vensterbank in zijn huiskamer liggen tientallen appels te rijpen in de zon. Niets gezonder dan een appel, is zijn motto.

Het interieur van zijn flat bestaat uit knalgele schemerlampen, een feloranje stoel, wankele tafeltjes, twee versleten bankjes tegenover elkaar – de een gedrapeerd met een donker geblokte, de ander met een roze doek. Op de vloer een blauwe pers. Je moet oppassen waar je loopt: de elektriciteit in zijn flat hangt met losse draadjes en vele meters verlengsnoer aan elkaar.

Voor het rechterraam staat zijn bureau, afgeladen met bakjes paperclips, elastiekjes, pennenkokers, nietapparaten, perforators, briefjes en mappen met papieren. Naast zijn telefoon ligt de lijst met telefoonnummers van de 'telefooncirkel', het gezelschap van eenzamen dat elkaar elke ochtend even belt met de vraag: 'Leef jij nog?'

Links in de huiskamer rust zijn computer op een wankel tafeltje. De kasten puilen uit met opbergmappen en dossiers. Aan de muren hangen schilderijen van zijn zoon

Camille. Dat er nog beeld op zijn aftandse mini-tv komt, mag een wonder heten. De radio is 'stuk'. Zijn muziekinstallatie met imposante zelfbouwboxen krijgt hij niet meer aan de praat. Soms speelt hij een deuntje op zijn elektronisch orgel of blaast op de mondharmonica. Zo hoort hij toch nog muziek, zijn grote liefde, 'de hoogste vorm van kunst; daar kunnen wij, schrijvers, niet tegenop'.

In de open keuken staat de geelgeblakerde magnetron centraal. Diepvriesmaaltijden volstaan. Koken? Zonde van je tijd. René gebruikt het aangekoekte gasstel om in een verroest pannetje water te verwarmen voor de oploskoffie.

Er staan dertig pakken koffiemelk op de keukenplank. Aan de muur achter het aanrecht hangen tientallen scharen. De wc-borstel kan in de koelkast belanden, en er is weer een incassobrief gearriveerd – ongekend voor een trouwe betaler als René.

Naast de huiskamer bevindt zich de smalle slaapkamer met het nooit opgemaakte eenpersoonsbed. In de rommelkamer ernaast durft hij niet meer te zoeken: je vindt er toch niets terug. Daar hangen, achter een bestoft gordijn, zijn broeken en colberts uit de jaren zestig van de vorige eeuw. In de rommelkamer heeft hij ook, bescheiden als hij is, zijn eigen werk verstopt voor al te nieuwsgierige bezoekers. Zijn werk als kinderpsycholoog combineerde hij met het schrijven van pedagogische leerboeken[3].

René volgde het gymnasium op het oud-seminarie Rolduc in Kerkrade. Daarna studeerde hij in Nijmegen tweemaal cum laude af als psycholoog en pedagoog. Hij was voorbestemd voor een wetenschappelijke carrière, maar ging aan het werk als kinderpsycholoog. Zijn droom om wetenschapsjournalist te worden, maakte hij na zijn pensionering waar. Hij schreef columns en artikelen voor diverse kranten en tijdschriften en werkte als onderzoeker voor de journalistieke praktijk van mij, zijn dochter.

Een warme dag, zomer 2003. Ik bel aan, met een portie hutspot van de traiteur in mijn hand. Volgens afspraak heb ik een halfuur van tevoren gebeld. 'Pap, ik zit in de trein. Ben zó bij je.' Dat éne halfuurtje kan hij nog wel onthouden.

Zijn blik valt op het bakje hutspot in mijn hand. 'Wat heb je dáár?'

'Hutspot.'

'Hup-pot-wat?'

In de smalle gang achter de voordeur stap ik voorzichtig over lege colaflessen, stapels kranten, dozen en een flacon afwasmiddel met het briefje 'nieuw afwasmiddel kopen' erop.

René draagt een korte groene broek, gele sokken en een overhemd met een groene en roze mouw. Hij koopt zijn kleding op de rommelmarkt. Je moet niet overmatig consumeren, vindt hij. 'Dat gaat altijd over de ruggen van anderen. Van mensen zonder geld en bezit. Als wij ons geld aan luxe spenderen, hoe moet het dan met hén?' En véél is luxe in zijn ogen. Vakantie bijvoorbeeld. 'Dat doe je alleen voor de buren, omdat je niet achter wilt blijven.'

Die dag breng ik hem een fluitketel. Hij bedankt me beleefd, maar je ziet hem denken: wat moet ik met zo'n nieuw ding? En het zal wel weer niet goedkoop zijn geweest. Geld uitgeven, dat is niets voor hem.

We zitten tegenover elkaar op de versleten bankjes. 'Wat ik nou toch heb meegemaakt...' zegt René. Hij toont me zijn portemonnee. Vijfhonderd euro. 'Het zat er opeens in,' zegt hij bedremmeld. Over de herkomst van dat geld tast hij in het duister. 'Ik zal toch niemand bestolen hebben?'

‘Dat geld heb je zelf bij het postkantoor gehaald,’ stel ik hem gerust.

‘Maar dan zou ik dat toch moeten wéten,’ roept hij. Het lijkt wel alsof er piepschuim in zijn hoofd zit. ‘Alsof je in een wolk leeft. Alle orde zoek.’

Na de koffie maken we ons vaste rondje door Tilburg. Mijn vader woont er bijna vijftien jaar, maar de stad komt hem steeds vreemder voor. Bij het oversteekpad op een kruispunt kijkt hij om zich heen. Zijn oriëntatiepunten lijken in rook te zijn opgegaan. ‘Vroeger hing hier toch een uithangbord? En was daar op de hoek niet een restaurant?’ Onrustig graait hij in zijn broekzakken. ‘M’n portemonnee toch niet vergeten?’

Voor het postkantoor in een winkelcentrum op de Heuvel, het plein hartje Tilburg, kijkt hij beduusd rond. ‘Wordt in snel tempo alles verbouwd? Of ligt het aan mij?’ Het is zomer, maar in zijn hoofd hangt een dikke mist. De mist die Alzheimer wordt genoemd.

‘Kun je me helpen met geld pinnen?’ vraagt René. Hulp vragen is niet zijn sterkste kant. Hij gelooft er niet in. Als je jezelf niet kunt helpen, kan niemand het, is zijn motto. ‘Als ik alleen moet, loop ik met lood in mijn schoenen,’ legt hij uit. ‘Onderweg probeer ik me de pincode te herinneren. Dan flitsen allerlei cijfercombinaties door mijn hoofd. Maar weet je wat zo wonderlijk is?’ Hij schiet in de lach. ‘Als ik voor de balie sta, weet ik het weer.’

In het postkantoor voltrekt zich een vast ritueel. René graait in zijn broekzakken en haalt twee portemonnees tevoorschijn. Hij bestudeert de inhoud, pakt zijn giropas, een verlopen ANWB-pas en een verouderd zorgbewijs. ‘Wat dacht je, zou dit genoeg zijn?’

‘Eén pas volstaat,’ zeg ik hem.

De wijsneus, zie ik hem denken. De wereld hangt van

pasjes en codes aan elkaar. 'Je maakt me niet wijs dat ze aan één pasje genoeg hebben.'

Als het pin-avontuur erop zit, strijken we neer op een terras. René bestelt als altijd een sorbet. Was hij vroeger liefhebber van Franse kaas, nu gaat hij alleen nog voor zoet. IJs, taart, chocola, marsepein en alles in grote porties.

'Zullen we gaan?' vraagt René ongeduldig. Hij wil naar de Hema: de aftershave is op. Deze ochtend vond hij maar liefst drie briefjes in huis met 'aftershave!'.

In het warenhuis, waar hij jarenlang blind de weg kon vinden, doolt hij nu onzeker rond. Waar staan de toiletartikelen ook alweer? Hij houdt stil voor een rij ontharingscrèmes, bestudeert de etiketten grondig en loopt met een tube naar de kassa.

Ik trek aan zijn mouw en vraag: 'Wat moet je met ontharingscrème?'

'Voor ná het scheren. Ik koop dit merk al járen.'

Sta je voor de kassa, zegt je dochter dat je het verkeerde artikel hebt gekocht, werpt de caissière je een meewarige blik toe. Je staat compleet voor lul.

Eén week later. Op de plek waar zijn voortand zit, kleeft een stukje kauwgom. René is zijn kunsttand kwijt. 'Met een kauwgommetje erop moet het lukken,' relativeert hij het ongemak.

Gedrieën, zijn schoonzoon Cees erbij, doorzoeken we de flat. Terwijl Cees het tapijt inspecteert, ik zijn bureau omploeg, is René in de keuken aan het speuren.

'Ik héb 'm!' Op het aanrecht, achter het afdruiprek.

Tijd voor de boodschappen. In de supermarkt vullen we het mandje met altijd dezelfde artikelen. Brood, kaas, koffiemelk, cola, appels, een diepvriesmaaltijd en een fles wijn. Niet voor hem – René is geheelonthouder – maar voor zijn huishoudelijke hulp Marjon die wel een borreltje lust. Marjon, een roodgeverfde vijftigjarige WAO'ster valt geregeld binnen op een gemotoriseerde step, haar hondje in een bruine rieten mand vóór op het stuur. Marjon doet de was, brengt met enige regelmaat een warme maaltijd en beweert, ondanks de stofwolken, zijn flat schoon te maken.

Eén voor één zet hij de artikelen op de toonbank, zoekt in zijn portemonnees en overhandigt een biljetje aan de caissière. Zij geeft het wisselgeld niet aan René, maar aan mij terug. Het gebeurt steeds vaker dat mensen zich tot zijn dochter richten, in plaats van tot hem. Dat maakt hem onzeker. 'Denken ze dat ik getikt ben? Erger: bén ik getikt?'

Bij de voordeur pakt René zijn sleutelbos met wel twintig sleutels uit eerdere tijden en van andere huizen. In zijn postbus wacht *de Volkskrant* die hij trouw doorbladert; giro-enveloppen die hij niet meer opent of, als hij de afschriften er wel uithaalt, vol vraagtekens krabbelt; de *Consumentengids*, de *Kampioen*, en veel reclamefolders.

Amper zijn we binnen of de bel gaat. De bovenbuurvrouw komt een kijkje nemen. Waarom ziet ze René nog maar zelden?

Jarenlang was René haar vraagbaak. Met elk praktisch probleem kon ze bij hem terecht. Huurverhoging, belasting of een parkeervergunning, hij ging op onderzoek uit en loste alles op. Nu maakt deze buurvrouw zich zorgen: René komt niet meer koffiedrinken en maakt een afwezige indruk.

'Hoe gaat het met je?' vraagt ze.

René kijkt haar schaapachtig aan. Ze komt hem wel bekend voor, maar hij kan haar opeens niet meer plaatsen. 'Ik maak het goed. En u?'

Heeft René een voorgevoel gehad? Jaren terug bood hij zich aan als vrijwilliger om voorlichting te geven over 'dementie, speciaal mondigheid van de patiënt'. Alzheimer, de meest voorkomende vorm van dementie, was al enige tijd bezig zijn geest te veroveren. Dementie, de Latijnse term voor 'ontgeesting', is geen ziekte maar een 'syndroom': een combinatie van symptomen waarbij de verwerking van informatie door de hersenen niet meer goed werkt.

Bij dementie kunnen allerlei functies geleidelijk aan achteruitgaan, zoals je geheugen en praktische vaardigheden, zelfs eenvoudige handelingen. Iets fatsoenlijk organiseren lukt niet meer. Je kunt problemen krijgen met het begrijpen en herkennen van mensen en voorwerpen. Het tijdsbesef kan verstoord raken. Er kunnen stemmingswisselingen optreden en het gedrag kan veranderen.

Het proces kan zo traag gaan dat je aanvankelijk niets in de gaten hebt. Pas achteraf herken ik de signalen. Een paar jaar eerder, René komt op bezoek. Hij is opgelucht als ik hem naar het station breng. 'Het wordt steeds lastiger om de weg te vinden,' zegt hij. Eén jaar later zwéért hij bij briefjes. Maar wie doet dat niet?

Het jaar erop worden de ideeën voor artikelen die hij me stuurt beknopt en oppervlakkig. In de loop van 2001 slingert de blauwe belastingenvelop tussen de oude kranten. September dat jaar stuurt hij de Belastingdienst een wanhopige brief met het verzoek om uitstel. 'Ik kom er zelf niet uit, dus zal de hulp van iemand anders moeten zoeken.' Het jaar erop gaat een nieuw verzoek de deur uit: 'Mocht u iemand weten die geschikt is om mij bij de aangifte te helpen (tegen vergoeding), dan maak ik daar gaarne gebruik van.'

De belastingaangifte baart hem zorgen. Deed hij dat niet altijd met grote precisie, het rekenmachientje binnen handbereik? Nu komen de cijfers en termen hem onbegrijpelijk voor. 'Dividend, wat zouden ze daarmee bedoelen?' Bovendien kan hij niets meer terugvinden, geen giroafschrift, geen rekening, niets. 'Hoe sta ik er financieel voor? Heb ik uitstel van betaling gekregen? Zo staat er een deurwaarder op de stoep.'

Tijdens de Tweede Kamerverkiezingen in 2002 bel ik hem op. 'En pap, wat heb je gestemd?'

Het blijft stil aan de andere kant van de lijn.

'Nou?'

René: 'Pimmetje natuurlijk.'

'Pim Fortuyn? Waarom?'

'Ik heb Pimmetje gestemd, omdat ik Pimmetje heb gestemd.'

Ik begrijp ineens: René hééft niet gestemd. Hij kan het stemlokaal niet vinden.

Dat jaar vieren mijn moeder Marijke Braam – zijn eerste vrouw van wie hij na achttien jaar huwelijk gescheiden is – zijn zoon Camille en ikzelf, zijn zesenzeventigste verjaardag bij hem thuis. We hebben rozen meegebracht. De kleine vaas in de keuken is te krap voor de bos.

De rozen gaan in een gieter, de gedichtenbundel *Domweg gelukkig in de Dapperstraat* die Marijke hem schenkt, verdwaalt onder op een stapel en hij zal zich nooit meer iets herinneren van die dag.

In 2003, zijn laatste jaar in Tilburg, wordt zijn flat 'geterroriseerd door een geheimzinnig magnetisch veld'. Computers, printers, mobiele telefoons, lampen, alles lijkt het als op afspraak te begeven.

René neemt de *Consumentengids* en vele folders ter hand om een mobieltje aan te schaffen. 'Handig voor als ik eens zou verdwalen.' Maar welk merk hij ook koopt, elk mobieltje is binnen enkele dagen 'stuk'. Gek wordt hij ervan.

‘Pap, dat is niet stuk. Je moet je telefoon opladen met een accu.’

‘Accu?’ Hij kijkt me glazig aan. ‘Kun je even naar de computer kijken? Die is ook stuk.’ Maar hij staat gewoon niet aan. Met één handomdraai is er weer beeld op het scherm. Hoe doet ze dat toch? Je ziet het hem denken.

Hij loopt naar de keuken en keert om: halverwege is hij al vergeten wat hij wilde doen.

René kan zich minder goed concentreren. Als hij een boek leest, dwalen zijn gedachten af. Hij gaat zich informeren, bestelt een ‘zorgboek’ over dementie en bestudeert dit met de gele markeerstift in de hand. ‘Een boek is pas echt van mij als ik erin geschreven heb.’

Over zijn vermoeden spreekt hij niet graag. Je gaat anderen niet met je besognes lastigvallen. Zodoende leeft mijn vader met een groot geheim. ‘Retour bieb: 2 dementieboeken,’ schrijft hij in zijn agenda. En op een los velletje: ‘Boek “zorgboek” over dementie. Klopt precies.’

Dat zorgboek is prima voorlichtingsmateriaal. Meent René. Op een middag overhandigt hij het Cees en mij met de woorden: ‘Dit moeten jullie lezen. Dan weet je wat je te wachten staat.’

‘Vind je het erg?’ vraag ik, verbouwereerd door zijn plotselinge openheid.

René: ‘Welnee, het is gewoon dementie. Dit moet ik blijkbaar meemaken. Ik ben een pragmatische man en heb geleerd met de stroom mee te gaan.’

Op de eerste pagina heeft René met potlood genoteerd: ‘Tegen overtrokken anti-beleid.’ En: ‘Niet zo somber!’ Men schrijft te negatief over deze ziekte, zegt hij: ‘Ik zie het juist als uitdaging: wat gebeurt er aan het eind van je leven met je geest? Alzheimer is een avontuur. Ik ga het aan.’

En of ik eens een kijkje kan nemen in zijn papieren. ‘Ik vrees dat ik achterloop. Alleen als je tijd hebt natuurlijk.

Kijk maar in mijn broodtrommel.' Die zit tjokvol met reclamefolders, oude verzekeringspapieren, garantiebewijzen uit 1980 en een identiteitskaart uit 1970. 'Net zo verlopen als mijn geheugen,' grinnikt hij als ik hem hiermee confronteer.

René heeft geen geldig legitimatiebewijs. 'Waarom zou ik mij dáár druk om maken,' werpt hij tegen. 'A: Waarom moet ik bewijzen dat ik besta? Ze zien me toch? B: Ik heb geen plannen voor een reis. C: Mocht ik toch weg moeten, is er nóg niets aan de hand: de grenzen in Europa zijn open.'

Nu kan ik de stapels gelegitimeerd ontmantelen. Op zoek naar giroafschriften, rekeningen en verzekeringspapieren. Telefonerend met incassobureaus en de Belastingdienst.

Het kostte hem moeite om de zaken uit handen te geven, maar nu is hij opgelucht, vertelt René op een zonnige dag. We drinken koffie op zijn balkon en turen naar de stille straat voor zijn flat. 'Wil jij mijn voogd worden?' vraagt hij en verduidelijkt: 'Ik moet erkennen dat ik steeds minder kan. Jij kunt me als voogd in de gaten houden. Ik maak steeds meer fouten.'

Twee keer per week gaan Cees en ik naar Tilburg. René is blij verrast als we voor zijn deur staan. 'Waren jullie toevallig in de buurt?' Goed dat we er zijn, alle apparaten zijn kapot.

Zoon Camille komt computerbijles geven. Maar René drijft hem tot wanhoop. Zelfs de aan- en uitknop levert hoofdbrekens op. 'Alsof pa de lessen saboteert,' verzucht Camille. 'Laten we hopen dat het geen Alzheimer is.'

De diepvriesmaaltijden bederven in zijn koelkast. Het komt hem op uitbranders van zijn hulp Marjon te staan. 'Hé, verdorie, René, heb je wéér een maaltijd laten staan? Let nou eens op.'

'Het is Alzheimer, Marjon,' leg ik haar uit.

Ze haalt haar schouders op. 'Alzheimer? Flauwekul. Het zit gewoon tussen je oren.'

René schaamt zich voor zijn vergeetachtigheid. Hij neemt zijn toevlucht tot smoezen. 'Als het warm is, heb ik niet zo'n eetlust.' Of: 'Ik ben toch meer een broodmens.' En: 'Ik heb al bij de Hema gegeten. We moeten het niet te bont maken.'

In werkelijkheid begrijpt René niet meer hoe de magnetron werkt. Wat nog maar kortgeleden in één handomdraai te bedienen was, is nu een onbegrijpelijke brij van cijfers, codes en knoppen. Het kost hem nu minstens een kwartier om koffie te zetten. De eens zo vanzelfsprekende volgorde van de handelingen vergt zijn uiterste concentratie. Water in de pan, oké. Maar verder? Het gasfornuis aan? Met lucifers? Waar staat de oploskoffie? Hoeveel schepjes moeten er in de mok?

'Er gebeuren vreemde dingen. Soms word ik vroeg in de ochtend wakker, niet in mijn bed, maar aangekleed en al in de keuken. Ik slaapwandel,' deelt René op een middag mee. Hij probeert het te zien als een potje schaak tegen een mysterieuze tegenstander. 'Ik bind me gewoon met riemen vast aan bed.'

Er zitten inderdaad zwarte riemen om zijn bed. Zó wil hij het nachtelijke dolen voorkomen. Maar steeds vaker vergeet hij zijn trucjes.

Hij drukt me op het hart om vooral niet 's morgens op bezoek te komen. Dan moet hij zich aankleden en dat kost steeds meer tijd. De vroege uurtjes zijn bovendien bestemd voor het opstellen van boodschappenlijstjes. 'Dus als je 's middags komt, heb ik voldoende tijd gehad om eventuele fouten te verbeteren.' Fouten maken is zijn grootste angst.

René valt ten prooi aan steeds meer ergernis. Hoe

krijgt hij bijvoorbeeld een volle vuilniszak in de container van zijn flat, die zich ergens in de kelder moet bevinden? We dolen door een catacombe van kale gangen. 'Het ziet ernaar uit dat ze eerst de flat hebben gebouwd, om later te ontdekken dat ze de kelder zijn vergeten,' verzucht hij. 'Die is er snel onder gekwakt.'

Briefjes moeten hem redden. René is de hele dag door aan het schrijven. 'Van alle poststukken vermelding maken,' schrijft hij in de agenda. En: 'Ook op ander gebied zoeken naar middelen – bijvoorbeeld oefeningen tegen vergeetachtigheid.' Maar ook die briefjes raakt hij kwijt en als hij ze tóch vindt, staat hij voor een raadsel. 'Dokter bellen.' Maar welke dokter en waarvoor?

'1 juni 2003, tandarts Tilburg om 15 uur 20 minuten.' In werkelijkheid staat die afspraak geboekt op 1 juli en komt René nog een dag te laat ook.

Zijn handschrift dementeert met hem mee. Het valt letterlijk uiteen. Steeds vaker zet hij streepjes tussen lange woorden.

'Probleem 1: invullen en afwerken aangifte-for-mulier.'

'Mijn probleem: verregaande vergeet-achtigheid.'

'Gevolg: binnenkomende post raakt verspreid over kamer en huis. Ten slotte: post-stukken raken zoek.'

Jarenlang was René een trouwe bezoeker van de Tilburgse bibliotheek. Hij komt er nog steeds. Het is maar een kort stuk lopen, hij kent de weg op zijn duimpje en één van de medewerksters schiet hem altijd te hulp. Maar zijn keuze van boeken wordt steeds onbegrijpelijker. 'Europese netwerken', 'mobiele telecommunicatie', en op een dag liggen er vijf boeken op zijn bureau over de kunst van het beleggen.

'Vanwaar die interesse?' vraag ik hem.

Zijn antwoord is een wedervraag: 'Hoe heet je nieuwe onderwerp ook alweer?'

'Financieel-economische criminaliteit.'

'Kun je dat in grote letters opschrijven?'

Eén week later liggen de boeken over fraude en corruptie klaar. René is met het briefje naar zijn hulpvaardige medewerkster gestapt. Een burger met Alzheimer geeft zich niet zomaar gewonnen.

Met een slecht geheugen wordt het leven een gevecht, zegt René: 'Je hebt nooit rust. Elk moment kan er iets door je geheugen glippen. 's Avonds weet je nog dat iemand op bezoek is geweest. Maar wie? Is er iets afgesproken? Heb je er een aantekening van gemaakt? Waar ligt die dan? Het is een permanente onzekerheid.' En chaos. Tegen die omgevallen wereld is maar één kruid gewassen: orde.

Wat hoort bij wat? En wat ís wat? Groeperen en benoemen is de nieuwe uitdaging van René. Hij doet overal een elastiekje omheen – om twee losse pennen op het bureau, vier lepels in de keukenla; zelfs om een rol toiletpapier zit een elastiekje met het briefje: 'toiletpapier.' Met grote letters schrijft hij 'spel' op zijn dambord. En op een voorraad plastic opbergmapjes: 'Lege zachte A4-mapjes.'

De elastiekjesmanie is niet te stuiten. Ook raakt René in de ban van opbergmapjes. Zelfs een reclamefolder krijgt een privéhoesje. Honderden mapjes zwerven door zijn flat. Het zit hem niet lekker. 'Bij jullie volgende bezoek is alles opgeruimd,' belooft hij steeds. Totdat hij op een dag erkent dat het hem niet meer lukt. René kan een reclamefolder niet meer onderscheiden van een notarisstuk. En daarom wordt alles bewaard.

We denken dat René Alzheimer heeft, maar ís dat ook zo? Hij laat zich onderzoeken door de vakgroep geriatrie in het Tilburgse Twee Steden Ziekenhuis. Begin juli 2003 komt de diagnose: Alzheimer, inderdaad.

We reizen naar Tilburg om René bij te staan. Maar hij

is in opperbeste stemming. Houdt hij zich stoer?

Als de koffie is ingeschonken, brengen we het ter sprake.

'Vond je het erg toen je het hoorde in het ziekenhuis?' probeert Cees.

'In het ziekenhuis?'

Ik verduidelijk: 'Daar was je gisteren voor de uitslag van het onderzoek.'

Verbaasd: 'Ik ben niet in het ziekenhuis geweest.'

'Jawel.'

'Absoluut niet.'

'Heus.'

René, verbijsterd: 'Hoe kómen jullie erbij? Wie heeft je dat wijsgemaakt?' Hij zucht. 'Soms heb ik het idee dat er valse geruchten over mij worden verspreid.'

Het bestand 'bezoek ziekenhuis' is niet opgeslagen. Dát is het kernprobleem bij dementie: nieuwe informatie en recente gebeurtenissen beklijven steeds minder. Vergelijk het met een computer. Het bezoekje aan het ziekenhuis wordt niet opgeslagen op de harde schijf. Gaat de computer in de hersenen uit, en dat gebeurt steeds vaker naarmate het proces voortschrijdt, dan is de tekst weg.

Bij dementie wordt geen informatie vergéten, het wordt niet ingeprent in het langetermijngeheugen. De informatie komt eerst binnen in het kortetermijngeheugen. Daar wordt de informatie heel even bewaard. Wat je belangrijk vindt, je aandacht trekt of emoties opwekt, wordt doorgestuurd naar de langetermijnopslag. Pas dan kun je de informatie later weer oproepen. Een mens met dementie kan nieuwe informatie niet meer doorsluizen naar de lange opslag. Daarom kan René zich het consult niet meer herinneren. 'Je was in het ziekenhuis om de diagnose te horen,' leg ik uit. 'Je hebt de ziekte van Alzheimer.'

'Nu je het zegt. Maar dat wisten we toch al?'

‘We dáchten het. Nu weten we het zeker.’ Dat is overigens niet helemaal waar. Of iemand Alzheimer heeft, is pas ná zijn dood vast te stellen. Bij de autopsie zie je de ‘seniele plaques’ en ‘tangles’ die kenmerkend zijn voor deze aandoening, de eiwitafzettingen en -kluwen in de zenuwcellen waardoor deze afsterven.

René: ‘Laten we blij zijn dat het geen hersentumor is.’

René wil terug naar Maastricht. Die stad is zijn thuis. Hij is er geboren en getogen als oudste zoon van een gezin met vier kinderen. Twee broers, Léon en Frans, en zus Mia. Zijn vader, Pierre van Neer, was een *selfmade man* met ambities. Hij schopte het tot personeelschef van de Enci; zijn echtgenote Marieke Stassen was een liefdevolle moeder. ‘Als ik Maastricht loslaat,’ zegt René, ‘laat ik het laatste los van wat ik denk dat goed voor mij is.’

Terug naar zijn geboortestad, maar waar moet hij wonen? De vakgroep geriatrie schrijft een brief aan zijn huisarts, maar die laat als altijd niets van zich horen. In de brief wordt een verzorgingshuis met een afdeling voor mensen met dementie geadviseerd.

Maar René kan zich nog niet inschrijven. Eerst moet het CIZ, het Centrum Indicatiestelling Zorg, het groene licht geven. Deze instelling bepaalt wie recht heeft op zorg die betaald wordt uit de AWBZ, de Algemene Wet Bijzondere Ziektekosten. Anno 2015 hebben gemeenten meer verantwoordelijkheden gekregen en kan er een ambtenaar bellen of langskomen voor een ‘keukentafelgesprek’.

Een medewerkster van het Tilburgse CIZ komt op bezoek. Het is een vriendelijke mevrouw op leeftijd. ‘Hoe gaat het met u, meneer Van Neer?’ vraagt ze meelevend.

‘Ik dacht wel goed.’

‘Redt u het nog in Tilburg?’

‘Tilburg? Dat is een fiasco geworden.’

‘Het is u hier niet bevallen?’

‘Ik heb er een angstwekkende leegte ervaren en bewonder mezelf omdat ik het hier zo lang heb volgehouden.’

‘Kunt u nog koken?’ vervolgt de mevrouw.

‘Zeker wel,’ antwoordt René. ‘Kant-en-klare maaltijden, van de Edah, en ze smaken best.’

‘En kunt u dat eten nog opwarmen?’

‘Ik dacht van wel.’

‘René, wees eerlijk,’ zegt zijn hulp Marjon. Zij wilde per se bij dit gesprek aanwezig zijn. ‘Je diepvriesmaaltijden beschimmelen in de ijskast. Dat weet jij net zo goed als ik.’

Nieuwe poging: ‘En uzelf douchen, meneer Van Neer? Lukt dat nog?’

‘Hoezo zou ik dat niet meer kunnen?’

‘U bent immers een beetje vergeetachtig?’

‘Bedoelt u dat ik me vergeet te douchen?’

Ze zwijgt.

‘Stink ik dan?’

‘Natúúrlijk niet, meneer Van Neer. Maar misschien vergéét u het soms.’

Hij kijkt haar met stijgende verbazing aan. Een volstrekte vreemde komt je vertellen dat je niet goed voor jezelf zou zorgen... wat bezielt haar? ‘Neemt u gerust een kijkje in de badkamer,’ zegt hij met uiterste zelfbeheersing. ‘U zult zien dat daar volop wordt gebadderd.’

‘Maar u hebt toch problémen?’ zegt ze ten einde raad.

René: ‘Zullen we het nu eens over úw problemen hebben?’

Als alleenwonende man met dementie heet René hoogst urgent. Maar wat is de praktijk? De mevrouw van het indicatieorgaan is afgedropen: de thuiszorg komt niet van de grond.

Vlot de indicatie die nodig is voor het zorgcentrum? 'Onze excuses, uw vader is niet in de vergadering besproken. Helemaal vergeten,' zegt een medewerkster van het CIZ als ik poolshoogte neem.

Pa ligt op de stapel.

Als ik op een middag binnenkom, ruik ik gas. Eén van de gaspitten staat omgedraaid op het fornuis met vlam en al. Het gas lekt alle kanten op. Ik ben maar net op tijd.

Enkele dagen later hangt er een brandlucht in de flat. René stond een tosti te bakken toen de telefoon ging. 'De boterham is door mijn geheugen geglipt,' excuseert hij zich. 'Ik maak de laatste tijd zoveel fouten dat ik vrees dat men mij maar een rare vindt.'

Wanneer kan René zich inschrijven voor een zorgcentrum?

Half augustus – zes weken na de diagnose – komt het verlossende woord van het indicatieorgaan. René krijgt zijn felbegeerde ticket voor een zorgcentrum. Ik bel de zorgcentra in de hoofdstad van Limburg. Maar stuit op wachtlijstbeheer, opnamestop en veel vakantie.

Wat nu?

In de tussentijd kan René aan 'dagbesteding' doen, een faciliteit voor thuiswonende mensen met dementie. Zij kunnen een paar keer per week meedoen aan activiteiten. Ze worden gehaald en gebracht en kunnen er ook een maaltijd krijgen.

'Dagbesteding kan gedragsstoornissen voorkomen,' zegt de klinisch geriater die René heeft onderzocht. Ze worden geactiveerd, afgeleid en komen uit hun isolement. De geriater adviseert een verpleeghuis te Goirle waar ook dagopvang wordt georganiseerd. 'Zij hebben een aparte groep voor hogeropgeleiden. Daar zou uw vader goed passen.'

Ik bel het verpleeghuis. De groep hogeropgeleiden blijkt te zijn opgeheven. 'Alles zit weer door elkaar.' En René kan er niet zomaar terecht. Er is een wachtlijst. En er moet een indicatie komen.

Dus bestel ik de mevrouw van het CIZ weer. Dagbesteding lijkt haar een goed idee. 'Dan kan hij vast wennen aan het verpleeghuis.'

Maar het plan struikelt over bureaucratie. Een medewerkster van het CIZ: 'Uw vader staat ingeschreven voor een zorgcentrum in Maastricht. Dus zal Maastricht de aanvraag voor dagbehandeling moeten doen. Het is ingewikkeld, er zijn weer nieuwe regels.' Ze adviseert de zaak maar af te blazen. 'Dit wordt zó omslachtig en gaat zó lang duren dat uw vader vermoedelijk al weg is als hij naar de dagbehandeling mag.'

Het gaat niet goed met René. 'Mijn grootste probleem: hoe kom ik de dag door?' Zijn werk was zijn enige hobby. Maar het lezen en schrijven gaan hem steeds moeizamer af. 'Ik zou het liefst de hele dag slapen.'

Hulp Marjon brengt drie keer per week een maaltijd. De overige dagen is het maar de vraag wat hij binnenkrijgt. Het CIZ adviseert de 'Maaltijdenexpres' in te schakelen. Die brengt de maaltijden aan huis. 'Klopt, maar de klant moet die zelf opwarmen,' zegt een medewerker van de eetservice. Dat kan mijn vader niet. Einde oefening.

Mijn telefoontjes zonder merkbaar resultaat wekken argwaan. Zo schiet het niet op. 'Ik ga zélf wat regelen,' zegt René zelfverzekerd.

Kort daarop word ik gebeld door een medewerkster van Contour, een vrijwilligersservice voor ouderen. 'Uw vader is bij ons binnengestapt en heeft hulp gevraagd.'

Zijn huzarenstukje levert een vrijwilliger op, ene Frits. Eenmaal in de twee weken komt Frits op bezoek. Hij omschrijft zijn 'cliënt' als een zachtaardige, beschaafde man.

‘Maar weet u wat zo jammer is? Steeds als ik voor de deur sta, herkent uw vader mij niet. Zo’n hulpeloze man zo alleen in huis. Gevaarlijk, hoor.’

De zorgcentra die ik bel of bezoek, schetsen een paradijs voor de vergeetachtige ouderen. Zij komen in deskundige handen. Er is volop vertier. Ze worden van ’s morgens vroeg tot ’s avonds laat vermaakt met activiteiten zoals geheugentraining, spelletjes, zingen of gym.

Van de Maastrichtse zorgcentra met faciliteiten voor mensen met dementie lijkt Koepelhof het meest geschikt. Dit zorgcentrum valt onder de koepel Vivre met diverse woonzorgcentra en verpleeghuizen, voor het merendeel gelegen in Maastricht. Koepelhof is een met weinig fantasie ontworpen, vijf verdiepingen tellend gebouw pal naast de Maastrichtse Koepelkerk met zijn karakteristieke groene koepel. Maar de kamers zijn voor een zorgcentrum vrij ruim: 3 meter 75 bij 4 meter 55. En het perspectief is gunstig: als René achteruitgaat, kan hij worden overgeplaatst naar de vijfde verdieping, de afdeling voor mensen met ernstige dementie. Dat wordt ons tijdens een rondleiding beloofd.

René hoeft dus nooit meer weg uit Koepelhof. September 2003 komt hij op de wachtlijst.

Half oktober komt er een kamer vrij. Als René het nieuwtje hoort, kan hij zijn ongeduld nauwelijks bedwingen. ‘Blij toe dat ik hier weg kan. Waar wachten we nog op? Actie!’

‘Wil je de kamer niet zelf zien?’

Niet nodig. ‘Als jij het goedvindt, is het oké.’

Toch vind ik dat René de kamer met eigen ogen moet zien. Op een ochtend halen we hem op. Vlak voor Tilburg rinkelt mijn mobiele telefoon. Het is René, over zijn toeren: ‘Ik ben overstroomd!’

Ik bel meteen de huismeester. Die gaat op onderzoek uit en belt geïrriteerd terug: 'Uw vader had de kraan aan laten staan en de douchekop hing óver de badkuip. Zijn badkamer stond blank, ik heb het moeten dweilen.'

We vertellen René dat er lekkage in de flat is geweest, dit om hem de vernedering van de buiten het bad hangende douchekop te besparen. Dat pakt anders uit. 'Een mankement in de flat? Waarom is mij niets verteld?' Het zóveelste bewijs dat ze informatie voor hem achterhouden. Hij sputtert tegen als hij de auto moet instappen: 'Als het hier door blijft lekken, wordt het een zwembad, terwijl wij aan het flierefluiten zijn.'

Kamer 311 op de derde verdieping van Koepelhof bevalt hem wel. 'Maar is het niet wat krap voor jullie tweetjes?'

'Pap, jíj komt hier wonen.'

'Nu je het zegt, ik ga verhuizen!'

De volgende dag is het bestand 'bezoek Koepelhof' gewist.

Eind oktober 2003. René kijkt ongerust naar de groeiende stapel die zich in zijn rommelkamer vormt. Geknield tussen duizenden dossiers en papierwerk smijt ik map na map op de berg. Het lijkt wel een slagveld.

'Waarom gooi je zoveel weg?' vraagt hij.

'Omdat je naar een zorgcentrum verhuist. Daar heb je maar één kamer.'

'Was er niets ruimers te huur?'

'Helaas niet,' antwoord ik. 'Als je ouder wordt, lever je in. Je hebt immers geen economisch nut meer. Dan gaan ze je niet in de watten leggen.'

Er komt geen eind aan de papieren massa. Waarom heeft René zelfs zijn administratie van 1960 bewaard? 'Vanwege de fiscus. Die kan komen kijken of je het al die jaren wel netjes hebt gedaan.'

Hij drentelt van zijn woonkamer naar de slaapkamer, naar het chaotische rommelhok en weer terug. Zo te zien wordt zijn flat in snel tempo ontmanteld. 'Waarom ga ik hier ook alweer weg?'

'Omdat je Alzheimer hebt. Daarom heb je zorg nodig.'

'Heb ik Alzheimer? Helemaal vergeten.' Hij haalt zijn schouders op. 'Alle ouderen krijgen uiteindelijk iets. Ik heb Alzheimer. Het zij zo.'

De bel gaat. Met een pan linzensoep in de hand maakt Marjon haar opwachting. Zigzaggend zoekt ze haar weg tussen de opgestapelde vuilniszakken en dozen.

'René, je kúnt je nog bedenken,' zegt ze, terwijl ze haar jas uittrekt. 'Zoek een zorgcentrum in Tilburg. Ik ben de énige die je nog hebt.' Daar gáát haar schoonmaakklus, telefoonadres en wijnkelder. 'En trouwens, mijn sleutels moeten terug.' De reservesleutels van haar woning die hij voor haar bewaart.

René: 'Daar trap ik niet in.' Hij zakt neer op zijn bankje voor de kleine tv en draait haar de rug toe. 'Je kunt dreinzen wat je wil, je krijgt míjn – streep – sleutels – stréép – niet – stréép – terug.'

'Het zijn niet jouw, maar míjn sleutels,' zegt Marjon geïrriteerd.

'Ja ja.'

'Dit is het teken dat hij in Tilburg wil blijven. Mijn sleutels zijn z'n laatste houvast,' richt Marjon zich tot mij. Ze gluurt naar de levensmiddelen op de keukenplank. 'Kan ik daar nog wat van meenemen?'

René is opgelucht als ze vertrekt. 'Ik vind wel weer een nieuwe Marjon,' zegt hij opgewekt.

De volgende ochtend stopt een bestelbus voor de flat. Cees en de verhuizer gaan inladen, René en ik strijken neer aan een tafel in een lunchroom.

Hij is in een filosofische bui. 'Veel mensen zijn kleingeestig en weet je hoe dat komt? Omdat zij die niet kunnen bogen op eigen prestaties, er plezier in hebben die van anderen omlaag te halen.' Minutenlang roert hij in zijn koffie, neemt een slok en zet het kopje naast het schoteltje neer. Daarna zoekt hij in zijn zakken. Tijd voor de inspectie.

Eén papiertje trekt mijn aandacht: zijn pincode in grote letters. Ik gris het eruit. 'Je píncode! Met je pásje erbij!'

'Moet dat nou, zo'n scène?' Hij schudt zijn hoofd.

'Ik heb je voor een ramp behoed.'

'Kom, niet overdrijven. Alsof ze hier élke dag iemand beroven. Dit is Amsterdam niet, maar Tilburg. Ga ik jou nu naar het station brengen?'

'Je gaat verhuizen, pap.'

Als het bordje 'einde Tilburg' verschijnt, roept hij opgetogen: 'Hier kom ik nooit meer terug.'

3

HOTEL ALZHEIMER

In de entree van Koepelhof loopt René euforisch rond. 'Ik kom hier alleen nog maar uit in een kist!' zegt hij opgetogen.

'Alles wat u kunt, doet u natuurlijk zelf. Maar als iets u niet meer lukt, nemen wij het graag over,' wordt hem verteld bij het 'intakegesprek'.

René is doodop van de rit. Toch luistert hij beleefd. Wie zijn die dames die van alles over hem willen weten? 'Meneer Van Neer, hoeveel kinderen hebt u?'

Hij kijkt me vragend aan. 'Hoeveel ook alweer?'

'Twee, pap.'

'Twee,' antwoordt hij.

'Twee? Wat leuk. En hoe heten ze, meneer Van Neer?'

'Frans en...'

'Frans is je broer,' verbeter ik hem snel.

Zijn andere broer Léon neemt hem mee de stad in, zodat Cees en ik kunnen inruimen. Een paar uur later komen ze terug. René zigzagt tussen de dozen in zijn nieuwe appartement, kamer 311.

'Vind je het mooi?' probeer ik opgewekt.

'Prachtig.' René kijkt beduusd rond. Waar is hij? Onwennig neemt hij plaats op het Tilburgse bankje dat aan het grofvuil is ontsnapt. 'Zullen we gaan?' Hij knoopt zijn jas al dicht.

'Pap, jij blijft hier.'

'Wat zeg je nou? We hadden toch afgesproken dat ik thuis zou slapen?'

'Dit ís je nieuwe thuis.'

'Welnee, ik woon in Tilburg.'

René denkt koortsachtig na. Wat heeft hij over het hoofd gezien? Maakte hij niet een uitstapje naar Maastricht? Waarom heeft iedereen zich tegen hem gekeerd? Zelfs zijn broer beweert dat hij in die volstrekt vreemde kamer woont.

'Ik wil niet in een hotel,' zegt René. Hij posteert zich bij de deur van de kamer en rukt aan de deurknop. 'Hoe werkt dit slot? Waar zijn de sleutels?' Verbijsterd kijkt hij ons na.

Zó kan ik mijn vader niet achterlaten. Ik ga op zoek naar een verzorgende. In de glazen observatiepost pal tegenover de lift zit een meisje te schrijven, zo te zien in een dossier. Zij schrikt op als ik binnenstap en vraag: 'Mijn vader is nogal overstuur. Kunt u op hem letten?'

'Natuurlijk. Maakt u zich geen zorgen.'

'De heer is erg vriendelijk, wel vergeetachtig.' Zo luidt de openingszin in Renés 'zorgdossier'. De volgende dag blijkt hoe vergeetachtig hij is. Om drie uur in de ochtend verschijnt hij bij de receptie, aangekleed en met zijn Tilburgse boodschappentas in de hand.

'Meneer, waar wilt u naartoe?' De verzorgende die hem ontdekt, schrikt zich een hoedje.

'Naar de Edah.'

'Het is midden in de nacht. U moet terug naar uw kamer, slapen.'

'Sorry, verkeerd ingeschat.' René kan zich wel voor zijn kop slaan. Hoe heeft hij zich zó kunnen vergissen.

Heeft de nieuwe bewoner hulp nodig bij het wassen?

Welnee, 'ben niet gehandicapt', noteert een verzorgende uit zijn mond. En: 'Een poging gewaagd om de heer gedeeltelijk van zijn baard te verwijderen, is niet gelukt. Weigerde dit, hij vond dit te veel van het goede.'

Een paar dagen later bezoek ik René in zijn nieuwe onderkomen. Hij heeft twee brillen op zijn neus, een dubbele riem om zijn broek en vuurt vragen op me af. 'Wat is er met mijn huis in Tilburg gebeurd? Is het afgebrand of ontruimd wegens huurschuld? Waar is mijn magnetron? Mijn orgel? Ik heb niet eens brood in huis. Waar is de Hema? Hoe kom ik zo snél mogelijk terug?'

'Je wóónt hier, pap.'

'Ik hoop maar dat het een grap is. Leen me desnoods een klein bedrag voor een treinkaartje.'

'Je bent kortgeleden verhuisd van Tilburg naar Maastricht. Je zit in een zorgcentrum met de naam Koepelhof,' leg ik uit.

'Koekenhol?'

'Koepelhof.'

René kijkt rond, zegt: 'Je kunt beweren wat je wil, ik woon hier niet.'

'Heus, dit is je kamer.'

'Waaraan herken ik die dan?'

'Aan je boeken. Aan het bankje waar je op zit. Dat stond toch in Tilburg?'

'Hoe kom ik aan een diepvriesmaaltijd?'

'Je krijgt hier drie keer per dag te eten.'

'Drie keer per dag?' René zucht. 'Dat hebben ze jou wijsgemaakt. Ik heb geen maaltijd gezien.' Het bestand 'maaltijd' wordt niet meer opgeslagen op Renés harde schijf.

'Wat moet ik doen? Wat moet ik doen?' Op wie kan hij nog rekenen? Ze proberen hem wijs te maken dat hij in een 'zorgcentrum' verblijft. Hulp Marjon laat niets meer van zich horen. René kan maar één conclusie trekken: hij is dakloos en verblijft in een hotel. Voor de zuinige man is dat een krankjorume geldverspilling.

Als de chaos hem overweldigt, drukt hij op de rode 'noodknop' van zijn telefoon. Een van de knoppen is met een stift rood gekleurd: als hij daarop drukt, wordt hij doorverbonden met mijn mobiele telefoon. Er zijn dagen dat de noodknop zijn diensten bewijst. 's Morgens belt hij met: 'Ik ben de voorbereidingen voor mijn vertrek aan het maken. Kom je helpen?' 's Middags: 'Kun jij uitleggen waar ik ben en wat er staat te gebeuren?'

En tegen de avond: 'Geen boodschappen meer in huis. Is er een supermarkt in de buurt?'

'Wat is het nummer van mijn giropas?'

'Waar zit de staf van dit hotel?'

'Waar is het station?'

René doolt door een doodlopende gang en een zaal die 'huiskamer' wordt genoemd. Hij zoekt de uitgang, want hij wil naar huis. Soms houdt hij stil voor een deur en klopt aan. De nieuwkomer leert dat eigen initiatief niet op prijs wordt gesteld. '*Menier Van Neer, geer maag neet zoe mer de kamer vaan iemes aanders inloupe*.'*

Hij klampt het personeel aan. 'Dag, jongedame, weet u misschien waar de administratie van dit hotel is?' De jonge vrouw die zijn pad kruist, draagt een chic wit pak en ziet er pienter uit. Zij kan hem vast helpen.

'*Meh menier Van Neer, boerum zouwt geer uuch dao zoe drök euver make*?'

---

* Voor de vertaling van het Limburgs, zie bijlage 2

‘*Iech wèl gere weite wie iech d’r veur staon. ’t Is neet miene stijl um sjöld te make*,’ schakelt René moeiteloos over op de taal van zijn jeugd.

‘*Alles weurt veur ’ch gerangeerd, zèt ’ch mer rösteg*.’

‘*Kint geer m’ch vertèlle of einen euro eine cent* 49 *of eine cent* 50 *is?*’ informeert hij verder.

‘*Met dit soort zake hoof geer uuch neet bezig te hawwe. Dat regelt ’t zörgkantoer*.’

Het zorgkantoor? René spitst zijn oren. Is dat niet een voorziening voor daklozen, precies wat hij vreesde? Wat houden ze verborgen? Waarom mag hij niet naar de administratie?

Op een dag heeft hij geluk. Een van de ‘activiteitenbegeleidsters’, zij die de bewoners bezighouden, neemt zijn verzoek serieus. Het lukt hem het kantoortje van de administratie te bereiken. ‘Kunt u de rekening eens opmaken van wat ik heb verbeurd? Ik zit hier alles te verbrassen en wil graag weten wat het kost.’ Ook daar krijgt hij nul op rekest.

Zijn zoektocht is niet onopgemerkt gebleven, zo blijkt uit het zorgdossier: ‘De heer A.U.B. geen briefjes geven met telefoonnrs., adressen e.d. De heer is bij administratie geweest voor inlichtingen.’

De maaltijden zijn aanvankelijk geen pretje. ‘De heer vindt het verschrikkelijk om aan tafel te zitten bij de heer C. De heer C. scheldt altijd zonder aanleiding op de heer.’ Gelukkig krijgt hij een andere plek.

‘Ik moet mezelf zien te handhaven in een klimaat van tegenwerking en pesterijtjes,’ zegt René. ‘Zelfs mijn meubels zijn verwijderd.’ Z’n spullen verdwenen? Dat is mijn schuld.

Ik had geprobeerd de inrichting van zijn Tilburgse flat zo goed mogelijk na te bootsen. Het gammele meubilair viel helaas fout in het chique Maastricht. Dus moest de oude troep vervangen worden door nieuwer spul. Tot en met zijn Tilburgse bankje moest eraan geloven. Nu staat er een keurige, blauwe leunstoel. Voor het rechterraam prijkt een nieuw bureau, ook blauw, net als de nieuwe kasten. René is radeloos. 'Heb ik óóit geld aan spullen uitgegeven? Nu vliegt het er met bakken uit en ik krijg niet eens de rekening te zien.'

Daar stapt zijn schoonzoon weer binnen met een grote doos. Een nieuwe tv. 'Dat doet maar met duur spul.' En als er nieuwe blouses op bed worden uitgestald, moppert hij: 'Wat heeft dat wel niet gekóst!'

Zelfs zijn kleding is niet veilig in het duistere oord. Dat ontdekt René als hij de deur van zijn kamer opent en een bol, wit voorwerp ziet staan. Nieuwsgierig zakt hij door zijn knieën en betast het voorwerp. Een grote witte stoffen zak. Hij sleept het ding naar binnen.

De zak is met een touwtje vastgeknoopt. René buigt zich voorover om het los te peuteren. Voilà, zijn kleren! Iemand wilde er met zijn kleren vandoor! Zie je wel dat je hier constant op je hoede moet zijn.

'De heer heeft waszak die buiten stond weer binnen gezet,' wordt in zijn dossier genoteerd. Enige tijd later heeft de heer zelfs 'de waszak van de heer C. en hemzelf op zijn kamer gezet.' Hij wist niet alleen zijn eigen kleren, maar ook die van de buurman te redden.

Ook als René boodschappen wil doen, wordt hij getreiterd. Dan krijgt hij te horen dat hij niet alleen naar buiten moet gaan. 'U zult verdwalen.'

Hoe dúrven ze. Vindt René. Hij heeft eetlust voor tien, maar de koelkast op zijn hotelkamer is leeg. Die koelkast staat er voor de sier, zegt de verzorgende die de zorg voor René coördineert. 'Leg er alsjeblieft niets in,' verzoekt hij mij met klem. 'Zij gaan met het eten slepen en wij vinden het brood in de kledingkast terug.'

Volgens de locatiemanager is het een juridische kwestie: 'Als het voedsel in zijn ijskast bederft en uw vader een voedselvergiftiging oploopt, zijn wij medeverantwoordelijk.'

De heer 'was al bij de receptie. Wilde per se een pan halen bij de Hema.' De verzorgende die hem die dag wil tegenhouden, hoort: 'Laat mij gaan. U overtreedt de wet. Dit is wederrechtelijke vrijheidsberoving.' Met die juridische onderbouwing stevent René naar buiten.

Zijn verzorgenden gaan niet achter hem aan. 'Daar hebben we geen tijd voor.' Bij 'weglopen' worden de familie en politie ingelicht. Een vrijwilligster van Koepelhof gaat echter wél naar hem op zoek. Zij treft hem achter het spoor aan en probeert hem te vermurwen: '*Menier Van Neer, kom ezzebleef trök.*'

'*Oonmeuglek. Iech höb gei broed mie in hoes.*'

'*Meh menier Van Neer, daan gaon iech toch mèt uuch mèt.*'

Geflankeerd door de vrijwilligster maakt René zijn rentree. Het brood zit als een trofee in zijn tas. '*Wèlt g'r dat ezzebleef neet mie doen*,' verzucht zijn zorgcoördinator. Maar René lacht hem uit en zegt: '*Dit is zjus veur herhaoling vatbaar.*'

Kort daarop hangt een manager aan de lijn: 'Wilt u alstublieft even met uw vader per telefoon praten? Hij zit bij de receptie en wil weer boodschappen gaan doen.'

'Ha pap, hoe gaat het met je?'

'Niet zo best. Ik zit tussen criminelen en precriminelen.'

'Criminelen?'

'Inderdaad. Ik krijg hier niks te eten en mag toch geen boodschappen doen.'

'Die mensen in wit uniform zijn geen criminelen, maar verzorgenden,' leg ik hem uit.

'Waar ben ik dan?'

'In een zorgpraktijk.'

'Maar ik merk niets van die zorg.'

Ik weet René zo ver te krijgen dat hij teruggaat naar zijn afdeling. Daar doet hij zijn beklag bij een verzorgende. 'Dat men geen nota van hem nam, dat hij soms dagen niets te eten krijgt,' noteert zij. 'Praten met de heer haalt niet veel uit. Gelooft alleen zichzelf.' Het is mooi geweest, vol met die koelkast! Cees zeult de afgeladen tassen naar de derde verdieping. Brood, kaas, jam, fruit, koek, frisdrank, toetjes, slaatjes, ijsjes. De koelkast puilt uit.

De volgende ochtend weigert René naar de zaal, 'huiskamer', te gaan voor het ontbijt. Wat wil je, noteert zijn zorgcoördinator. De heer 'had eigen brood op kamer, waarschijnlijk door dochter gekocht. Als familie dinsdag komt, zal ik hen hierover aanspreken!'

Dat de nieuwe bewoner niet in de groep ontbijten wil, heeft een andere reden. 'Het is veel te druk in die zaal,' zegt René. Hij heeft achttien medebewoners: te veel voor iemand die moeite heeft om alle indrukken te verwerken.

Als ik de lift uitstap, klampt zijn coördinator mij aan. 'Hebt ú soms de ijskast van uw vader gevuld? Ja? Ik heb toch gezegd dat zij dat eten gaan verstoppen.'

Ik houd voet bij stuk. De koelkast blijft vol. 'Als mijn vader ziet dat hij eten in huis heeft, hoeft hij geen boodschappen meer te doen. Daarbij komt: een verhuizing is voor kwetsbare ouderen een regelrechte ramp. Ze raken hun laatste houvast kwijt. Gun hem de tijd. Over enkele weken is hij misschien wat meer op zijn gemak.'

Hij noteert: 'Familie heeft geen inzicht in ziektebeeld. Familie meent dat verwardheid over drie weken weer over is.'

Hoe 'dement' zou de heer eigenlijk zijn? Koepelhof gooit er een testje tegenaan, de internationaal gebruikte 'SMMSE' (Standardized Mini-Mental State Examination) om de mate van desoriëntatie te meten.

Testen, dat deed René vroeger zelf. Hij testte kinderen met leerproblemen. En raakte er steeds meer van overtuigd dat het probleem niet bij het kind, maar bij de onderwijzer ligt. Die slaagt er niet in om het kind te motiveren, zwéért bij zijn eigen manier van lesgeven en lapt effectief bewezen lesmethoden aan zijn laars.

René heeft, kortom, het nodige wantrouwen in testen. Ze zijn bij hem aan het verkeerde adres. De verpleeghuisarts waagt toch een poging. 'Waar bent u?' vraagt zij hem. 'Wat voor dag is het vandaag?' 'Welk seizoen is het?'

René kruist demonstratief zijn armen voor zijn borst. 'Dit is puur getreiter. Waarom stelt u geen vragen over mijn vakgebied?' Hij vindt het niet verantwoord en werkt niet mee. Twaalf vragen, twaalf nullen.

Er zijn zo véél irritaties. Als hij naar de wc moet bijvoorbeeld. Waar is het toilet? Dat er een wc-pot in zijn badkamer staat, is informatie die niet meer beklijft. Daarom loopt hij de gang in en klopt met samengeknepen benen zomaar ergens aan.

Een verzorgende tikt op zijn schouder: '*Zeuk g'r get? Moot g'r soms nao de plee?*'

Gered!

'*Meh menier Van Neer, g'r höb 'ne eige plee op de kamer.*'

De man die ooit tweemaal cum laude slaagde, voelt zich in toenemende mate een 'seniele oude vent'. Die zich niet eens weet te gedragen. In het zorgdossier wordt flink gepend over zijn 'onaangepaste' gedrag. 'Dhr. wil bij mevr. 305 slapen.'

'Mevrouw 305 is een beauty,' zegt René, hoewel hij ook zijn bedenkingen heeft: 'Dames van die leeftijd kunnen nogal humeurig zijn. Zij hebben het nodige meegemaakt. Mannen die hen onderdrukten, lastige kinderen, oorlog.'

Maar wat zou hij graag een partner willen! Er slingeren briefjes met 'hu-we-lijk' in zijn appartement. 'Elk van ons zou een maatje moeten hebben. Als duo nemen je overlevingskansen toe. Alleen al uit praktisch oogpunt,' gaat hij verder. 'Boodschappen doen, koffiezetten, koken.'

Een maand later gaat hij weer op bezoek bij mevrouw 305. Zij zet hem eigenhandig de deur uit.

'Dhr. liet zich vanmorgen niet verzorgen, ook niet door collega, was ervan overtuigd alles zelf te kunnen.' René: 'M'n leven lang heb ik me zélf aangekleed. Waarom bemoeien anderen zich ermee? Ben ik imbeciel?'

'Sorry, maar uw vader ziet er soms niet uit,' zegt zijn coördinator. 'Hij stribbelt tegen als ik hem wil wassen of aankleden. Soms loopt hij rond op één slof en één schoen. Mij persoonlijk maakt het niet uit, maar de bewoners storen zich eraan.'

Waarom laat René zich niet helpen bij het wassen en aankleden? 'Uw vader laat zich wel degelijk verzorgen,' vertrouwt een verzorgende mij toe.

Pardon?

'Het ligt er maar aan wie hem verzorgt. Niet iedereen weet met deze mensen om te gaan. Als Marjolein bijvoorbeeld dienst heeft, is aankleden geen enkel probleem.'

'De heer liet zich vanmorgen goed verzorgen, als je meneer uitlegt hoe en wat neemt de heer dit goed aan,' houdt deze kei haar collega's voor in het zorgdossier. Wat is haar geheim? Marjolein: 'De benadering. Je moet rust en veiligheid creëren. Maar ik heb een speciale cursus voor dementie gevolgd, en veel van mijn collega's niet.'

Bovendien krijgen zij maar weinig tijd om René te verzorgen. De locatiemanager vertelt me dat René recht heeft op twee uur zorg per 24 uur.

Op een middag zegt René: 'Ik wil terug naar mijn geboortegrond.'

'Je bent al in Maastricht,' houd ik hem voor. We drinken koffie op zijn kamer.

'Ben ik in Maastricht? Dat is al wát. Nu is mijn oriëntatie terug. Hebben we genoeg diepvriesmaaltijden in huis?' vraagt hij bezorgd.

'Zo meteen wordt brood geserveerd.'

'Waar dan?'

'In de huiskamer.'

De bewoners zitten rustig te wachten, terwijl twee verzorgenden druk in de weer zijn. De ene maakt de medicijnen klaar, de ander posteert zich achter de 'broodkar': een karretje met brood en beleg.

Om de beurt worden ze naar de kar geroepen. 'Mevrouw Jansen? Mevrouw Versteeg?'

'Meneer Van Neer?' René staat op. Hij wil een boterham met jam. Met twee sneetjes en een kuipje gaat hij terug naar zijn plek aan tafel. Nu wacht een heuse uitdaging: hoe smeer je brood? René grijpt het boterkuipje en een mes. Besmeert de boterham met boter, maar vergeet de jam en begint het brood te snijden.

Zijn buurvrouw prakt intussen een boterham met paté fijn. Ze heeft rode wangen en een scheve mond. 'Buurman, mag ik u wat vragen?'

'Mmm...'

'Weet u wat voor dag het is?'

René, kortaf: 'Eerst even eten.' Dat vergt zijn volle aandacht. Het valt niet mee in een zaal met zeventien anderen. Als te veel mensen tegen hem praten, kan hij zich niet meer concentreren. Hoe drukker het is, hoe minder hij de situatie kan overzien. En als hij niet begrijpt wat er wordt bedoeld, gaat hij af als een gieter. Hij staat voortdurend voor schut.

De tafelgenote tegenover hem krijgt pap opgediend. Ze laat een boer. En nog een en nog een. Zij dut in, boert, doet haar ogen open en vraagt: 'Zuster, waar blijft het eten?'

'Mevrouw Pieterse, wilt u alstublieft geen boertjes laten. De anderen zijn nog aan het eten,' zegt de verzorgende. Ze kijkt me veelbetekenend aan. 'Hoe vaak ik het ook zeg, ze blijft boertjes laten.'

'Zijn ze moeilijk opvoedbaar?'

'In elk geval hardleers.'

Eind november 2003. 'Wat doe jíj hier?' René kijkt me verbaasd aan. Hij zoent me op beide wangen. Hij is gehuld in een roodgeblokte blouse waarvan de linkermouw met een elastiekje is vastgebonden en heeft twee brillen op zijn neus.

Er slingeren briefjes in zijn kamer. Eentje met: 'Zoeken. Zoeken.' Op de vensterbank ligt: 'Boek lenen over "geheugen-training".' En op zijn bureau: 'Tand-pasta, koffie, witte brood, ijsjes.'

'Koffie?'

'Graag.' Het zit hem dwars dat hij niet meer zelf koffie kan zetten. Nu is René afhankelijk van de koffie-uurtjes op zijn afdeling en zijn visite. Zo opgewekt als hij in zijn Tilburgse flat was, zo somber is hij nu. 'Wat wil je, de verzorgers zijn typische Tilburgenaren,' moppert René.

'Maastrichtenaren,' corrigeer ik hem.

René: 'Ik ben het niet met jouw formulering eens. Het zijn heus Tilburgenaren. Heel vervelende Tilburgenaren. Want als ik naar buiten wil, versperren ze mij de weg.'

De herinnering aan Tilburg begint te vervagen. René ziet enkel losse beelden, zegt hij. Een flat. Orgeltje. Magnetron. Kasten vol dossiers. Hoe dan ook, hij stond op eigen benen. Naar die tijd wil hij terug.

Waar staat zijn kopje koffie? Hij buigt zich voorover. Zijn hand gaat tastend over de bijzettafel naast zijn stoel. René heeft slecht zicht vanwege bloedinkjes in zijn rechteroog. Een kwaal waaraan volgens de oogarts niets meer te doen valt. Ook de dementie speelt een rol: René krijgt steeds meer moeite om voorwerpen (en beelden en geluid) te herkennen: 'agnosie'. Hij herkent bijvoorbeeld een vork niet meer en kan er dus niet mee eten. Hij hoort de bel wel maar doet niet open, omdat hij het geluid niet kan thuisbrengen.

'Hoe heten deze dingen ook alweer?' René wijst naar een tros druiven op zijn bureau.

'Druiven.'

'Druiven. Nou je het zegt. Lastig als je de naam niet meer weet. Soms durf ik niet meer met anderen te praten, uit angst dat ik de woorden vergeet... trouwens, waar ben ik? Staat er nog geld op de bank? Hoe kom ik thuis?' Hij neemt een flinke teug koffie en zet het kopje naast het schoteltje neer. 'Hoe kom ik aan eten?'

'Er wordt voor je gekookt.'

'Wat een verwennerij!'

Ik som het rijtje op. Ontbijt om negen uur. Halféén warm eten. Vijf uur brood. Zijn broer Léon heeft twee affiches opgehangen, één op een kast, de ander op de deur. Met daarop de etenstijden vergezeld van de tekst: 'Ik hoef niet zelf voor het eten te zorgen. Alle maaltijden worden verzorgd door de Koepelhof.'

'Pap, lees deze tekst eens.'

'Ik hoef niet zelf voor het eten te zorgen,' leest hij hardop. 'Alle maaltijden worden verzorgd... waarom hangt dit hier? Waarom doen ze dat nou?'

‘Om je eraan te herinneren?’

René: ‘Dat lijkt me stug. Ik denk dat het propaganda voor die maaltijden is. Ik weet dat je me niet gelooft, maar ik krijg één op de vijf keer géén maaltijd.’ Alsof hij het heeft zitten turven.

‘Als het misgaat, heb je eten in de ijskast,’ beur ik hem op.

‘Waar zijn m’n sleutels?’

‘Die hangen aan een koord om je nek.’ Twee sleutels aan een koord met het logo van Heineken. Dat bevreemdt hem: ‘Wat heeft die bierbrouwer met mijn verblijf hier te maken?’

De ene sleutel is van zijn voordeur die hij niet meer op slot kan doen. De andere is van zijn postbus. ‘Waar stáát die dan?’ De sleutels worden een obsessie. ‘Wat wil je, ben ik onlangs niet op straat beland? Dat zal mij niet nog eens overkomen. Er gaan geruchten dat ik weer ontruimd word. Weet jij daar iets van?’

‘Pap, je hoeft niet weg,’ stel ik hem gerust. ‘Ze hebben ons beloofd dat jij mag blijven zolang je wilt.’

‘Wat kost dit hotel? Hoe sta ik er financieel voor?’

Geld, óók een obsessie. Als René zijn giroafschriften onder ogen krijgt, is hij gerustgesteld. Om even later opnieuw te informeren, zó snel is het girobestand gewist. Hij vertrouwt het niet: ‘Ze kunnen natuurlijk altijd marchanderen.’ De volgende dag liggen nieuwe briefjes klaar: ‘Geld opdienen, eventueel wisselen?’ Hij heeft geen cent op zak. Ik haal meteen zijn geldkist tevoorschijn. ‘Kijk eens: twintig euro!’ René bestudeert het papieren geld en begint het op te vouwen. ‘En hiermee kan ik betalen? Ja? Krijg ik dan ook wisselgeld terug? Dus als ik met mijn naamkaartje naar de bank ga, komt het wisselgeld in orde?’

‘Niet met je naamkaartje, maar met je giropas.’ Ik toon hem zijn pas.

Hij bestudeert deze nauwgezet. 'Dus dit is het wisselkaartje van de geldpas?'

'Dit is je giropas waarmee je geld kunt halen,' leg ik uit.

'Maar ik wil geen girokaart. Ik wil wísselgeld,' zegt hij geïrriteerd. 'Het spijt me dat ik zo *prikkelig** ben. Maar ik moet overléven.'

'Lampen in orde?' heeft René geschreven. Hij kan er niet meer mee omgaan. En: 'Late programma's.' Wil graag tv-kijken, maar krijgt het toestel niet aan de praat.

René mist hulp bij wat hij niet meer kan. 'Zijn hier werkelijk geen maatschappelijk werkers?' vraagt hij hardop. 'In mijn tijd kon je de straat nog niet oversteken of je botste al tegen een sociaal werker op.'

Op een avond in december wil hij in de huiskamer overnachten. 'Dicht bij de lift, wel zo veilig.' Maakt hij plannen om te ontsnappen? Op zijn boodschappenlijstje prijken 'plattegrond' en 'zaklamp'.

'Ga je vluchten?' vraag ik hem.

'Dat sluit ik niet uit. Als ik maar over een goed vluchtplan en betrouwbare handlangers beschik.' Probleem: René krijgt het vluchtplan niet rond. 'De dingen die je vergeet. Zaken die je niet meer weet. Dat je niet meer helder kunt denken,' somt hij op en verklapt meteen zijn strategie: 'Steeds met jezelf blijven communiceren.'

Kort daarna wordt hij in de vroege ochtenduurtjes betrapt in de huiskamer van de vierde verdieping. In alle vroegte moet hij wakker zijn geworden. In het schemerduister kreeg hij ongetwijfeld de lampen niet aan, dus moest alles op de tast. Hij heeft zijn portemonnee, sleutels en boodschappentas moeten zoeken.

Hij zal enige tijd op zijn eigen afdeling hebben gezwor-

---

* Zie bijlage 1: Dementiewoordenboek van René van Neer

ven om dan de trap te ontdekken. Zou die naar de uitgang leiden? Maar hij is in een uithoek beland. De verzorgende die hem aantreft, brengt hem terug. Hoe zal hij zich hebben gevoeld? Zijn ontsnappingspoging is mislukt.

'Koekenhol' heeft ook zijn goede kanten. Het eten is er lekker. Tijdens het intakegesprek heeft René verteld dat hij vegetariër is. Waarom gluurt hij dan naar de biefstuk op zijn buurvrouws bord? En eist hij óók spaghetti bolognese mét vlees?

'U bent toch vegetariër?' vraagt de medewerkster die het eten opdient.

'Ja, vegetariër,' beaamt René, 'maar pas ná de maaltijd. Ik ben parttime-vegetariër.'

Bevallen de activiteiten die Koepelhof voor haar bewoners organiseert? Kienen, zingen, spelletjes, meedoen met geheugentraining. 'Ik ben niet zo'n spelletjestype,' zegt René. Maar samen de krant lezen, dát vindt hij leuk.

Op een ochtend wordt een krantenartikel besproken over het nut van computers in het onderwijs. René probeert de anderen ervan te overtuigen dat het gebruik van computers beperkt moet blijven, 'want kinderen moeten sociaal gedrag aanleren'. De activiteitenbegeleidster staat versteld: 'Hij hield een glashelder betoog.'

Ook het folderrek bij de receptie is razend interessant. Folders met informatie over voorzieningen voor ouderen. René was altijd al idolaat van folders. Hij wilde goed geïnformeerd zijn. Dit rek heeft méér dan zijn gemiddelde belangstelling: hij is dringend op zoek naar het tarief van zijn hotelkamer.

Vóórdat we naar buiten gaan om boodschappen te doen, stort hij zich vol overgave op het rek. Zijn handen graaien. Hij zal er hoe dan ook achter komen wat het verblijf hem kost. '*Menier Van Néér... menier Van Néér... die folders höb g'r al*,' roept de receptioniste.

De folderdief kijkt betrapt op. 'Ik zweer het je,' fluistert hij, 'ik heb geen folder op zak.'

Buiten staat René opeens stil en tuurt ingespannen om zich heen. 'Ik ben op zoek naar herkenningspunten. Als ik vaak genoeg oefen, kan ik de weg zelf weer vinden,' zegt de optimist. Zijn blik gaat omhoog naar flats en nieuwbouw. 'Zeg eens, lag hier vroeger niet Maastricht?' vraagt hij verwonderd.

We zijn op weg naar de bibliotheek. René is weer lid geworden. Schoonzoon Cees heeft hem bij de inschrijving vergezeld. De eerste keer lukte het niet: zijn legitimatiebewijs was verlopen. Eén maand later verschenen de twee met een geldige identiteitskaart aan de balie. René zette zijn pet af en straalde van trots, al richtte de bibliothecaresse zich niet tot hem, maar tot zijn schoonzoon. 'Was meneer al eens ingeschreven?'

Tussen de boeken komt René weer tot leven. Hij loopt langs de kasten met werken over ouder worden. Kiest een boek over dementie en gaat ermee aan tafel zitten. Koortsachtig zoekt hij in de index naar 'oorzaken en gevolgen van dementie'. Hij weet de pagina snel te vinden, begint te lezen en zegt: 'Het is een hersenaandoening! Wist je dat?' Weer wat nieuws ontdekt. Eindelijk ontspannen. Zijn dag kan niet meer stuk.

Op de terugweg stapt een onbekende vrouw van haar fiets. 'Hé Stella, oom René!' Dat moet een nichtje zijn. 'Kent u me nog?' vraagt zij aan René. Hij knikt heftig van ja. 'En jij?' vraagt ze mij. Ik knik net zo heftig.

Als ze wegfietst, kijken we elkaar opgelaten aan. Hoe heette dat nichtje? We hebben allebei geen idee. René kan zich nog achter Alzheimer verschuilen. 'Dat is het voordeel van mijn ziekte. Ik mag fouten maken. Maar over twintig jaar ben jij aan de beurt,' troost hij me.

4

BEHANDELAAR ZONDER TEAM

René zei het: Alzheimer is een avontuur. 'Dementie is iets nieuws in mijn leven. Dan ben ik er als de kippen bij.' Hij is razend benieuwd naar de veranderingen in zijn geest. 'De heer heeft wel door dat zijn waarneming niet altijd klopt met de werkelijke gebeurtenissen en zegt het soms zelfs leuk te vinden,' noteert een verzorgende.

Hij maakt de gekste dingen mee. Loopt hij te dolen door de gang in Koepelhof, belandt hij met zijn oude lijf pardoes in vroegere tijden. Plots is hij weer aan het werk als assistent op de universiteit in Leiden. 'Ik moet dringend naar een vergadering,' zegt hij. Even later: 'Waar is de collegezaal?' Wist ik trouwens dat je beneden in de 'mensa' (het restaurant van Koepelhof) grátis koffie kunt drinken? 'Je moet wél een universitair gezicht trekken, zodat ze weten dat je erbij hoort.'

René woont bijna dagelijks 'werkgroepen' bij. Zo noemt hij de activiteiten die op zijn afdeling worden georganiseerd. Het gebeurt dat hij zich voor zijn 'medestudenten' schaamt. 'Sommigen vallen zomaar in slaap. Een gesnurk opeens! Dat moet vervelend zijn voor de docenten. Maar ach,' vergoelijkt hij, 'het zijn oudere studenten. Dan kan zoiets gebeuren.'

Zijn werkkring bevalt niet echt. René: 'Ik voel geen band met de studenten. Ik mis vriendschap. Ze zijn een beetje... *snierig*.' En ze hebben een ander gevoel voor humor. In de 'aula' (huiskamer) is een medestudente de *Libelle* aan het lezen. Haar kapsel zit een beetje in de war. René kijkt over haar schouder mee, wijst naar een foto in het blad en zegt: 'Dit is een voorbeeld van een verzorgd tot zeer verzorgd kapsel. Als u die foto meeneemt naar de kapper, kan het misschien nog wat worden.'

In plaats van te lachen werpt de oude studente hem een nijdige blik toe.

De grens tussen werkelijkheid en herinnering vervaagt. René ís student, hij ís aan het werk als 'behandelaar' of onderzoeker. 'Ik observeer voor het een of andere onderzoek. Het schijnt dat ook jij erbij betrokken bent,' vertelt hij op een middag.

'Bedoel je ons boek over jouw ervaringen met dementie?' vraag ik hem.

Precies. Dat was hij even vergeten. Maar zijn gevoel voor humor laat hem niet in de steek. 'Dus ik zit hier undercover als patiënt?' Hij schatert. 'Dat het zó moet lopen.' De rollen zijn omgedraaid, constateert hij vergenoegd. Eerst ging zijn dochter undercover, nu hij. Maar dan letterlijk.

De psycholoog is aan zijn laatste project begonnen, maar: 'Ik heb geen kantoor, geen personeel, geen budget. Ze nemen me niet serieus en ik stuit op tegenwerking,' zegt hij op een middag.

'Wat houdt je werk in?'

'Ouderen testen en behandelen.' Hij heft zijn armen in de lucht. 'Maar zó kan ik niet functioneren. Ik weet niet eens wie de leiding heeft in deze kliniek.'

We gaan een ommetje maken en wachten op de lift.

Een groep dames stapt uit. Een van hen kijkt René lachend aan en zegt: 'Wij zijn zojuist naar de kerk geweest. Maar ú was er niet bij. Bént u wel katholiek?'

'Ik ben katholiek bij gebrek aan beter.' Meteen slaat de twijfel toe. 'Had ik een ander antwoord moeten geven? Ben ik uit de gratie? Steekt er een kerkgenootschap achter dit instituut?'

De volgende dag wandelt hij door de gang. Als René mij in het oog krijgt, komt hij enthousiast naar me toe. 'Zijn ze er al?'

'Wie bedoel je?'

'Het studiegroepje.' Altijd goed voor een pittig debat. René verheugt zich erop.

'Er is nog niemand. Misschien kunnen we alvast een kop koffie in je kamer drinken,' stel ik voor.

'Komen er nog meer naar de studiegroep?'

'We zijn met z'n tweeën.'

René kijkt teleurgesteld. 'Is dat de andere keren ook zo gegaan, dat er iemand niet komt, of twee, of drie?'

'Ja. Soms zijn ze op vakantie of hebben een andere afspraak,' verzin ik ter plekke.

Hij geeft niet op: 'Wat belet je om de *verzamelaars* te bellen die wél willen komen?'

Ik doe alsof ik telefoneer. En zeg: 'We zijn vandaag heus met z'n tweeën. De anderen zijn verhinderd.'

René staat voor een voldongen feit. Zijn dochter en hij zullen vandaag de eer van het studiegenootschap moeten hooghouden. 'Allez, welk onderwerp zullen we bij de kop nemen?' steekt hij van wal.

'Wat dacht je van de gevolgen van dementie?'

René denkt na en zegt: 'Ik heb dementie, is het niet?'

Dat moet ik beamen. Waarop hij zegt: 'Er valt mee te leven. Maar het is wél vervelend! Je gaat dingen herhalen die niet nodig zijn: de ander weet dat al. Vroeger gingen de contacten over en weer gemakkelijker.'

Zijn leven is veranderd. 'Je bent meer afhankelijk van je omgeving. Van mensen die je vroeger gekend hebt,' legt hij uit. 'Sommigen *lusten* je niet meer, terwijl ik vroeger goed met ze *onderweg* kon. Maar je moet wel jezelf kunnen blijven.'

'Lukt dat, jezelf blijven?'

'Ik heb niet zo veel ervaring op dat gebied. Ik ken alleen de psychologie,' antwoordt hij onzeker. 'Het hangt ervan af welke opvang je hebt. Als je een stem krijgt van anderen, trek je het wel.' Hij wil maar zeggen: de burger met dementie heeft mensen nodig die voor hem opkomen.

Steeds vaker gaat de switch in tijd en plaats zó snel dat René het niet meer kan bijbenen. Van deze fascinerende tijdmachine bedient hij niet zelf de knoppen. Waar is hij? In Nijmegen, Leiden, Tilburg? Met zulke vragen klampt René zijn 'collega's' aan. Die zijn er niet van gecharmeerd. 'De heer vraagt doorlopend aandacht', is 'nauwelijks te corrigeren', 'behoorlijk tijdrovend' en vertoont 'claimend gedrag'.

De heer is bang 'dat hij gek zou worden', noteert een verzorgende. Een van zijn aantekeningen verraadt zijn hachelijke situatie. Hoe oud is hij ook alweer? 'LEEFTIJD? 75+...'

René geeft een college: 'Het probleem is de zuivere vergeetachtigheid. 's Avonds begint de dag al te verdampen. Die vergeetachtigheid gaat met golven en heeft invloed op je stemming. Maar je kunt erop vertrouwen dat de psychische structuur meewerkt om het binnen de perken te houden. Ook wat betreft de taal, die wordt nooit te gek.'

Tegen het vallen van de avond wordt alarm geslagen.

Het blijkt dat 'er twee mannen aan 't vechten waren op afdeling drie. Na enig zoeken bleek dit om de heer Van Neer en de heer G. te gaan.'

René is weer eens de verkeerde kamer binnengestapt. Hij werpt direct een blik in de ijskast en staat oog in oog met een onbekende man die hem gesommeerd zal hebben te vertrekken. René moet verontwaardigd zijn geweest: wat krijgen we nou, het is toch zíjn ijskast?

Het komt tot een handgemeen. G. werkt de indringer hardhandig naar buiten. Daarbij 'is de heer Van Neer gevallen, geen letsel merkbaar, MIC is ingevuld'.

MIC? De afkorting staat voor Melding Incidenten Cliënten. Elk zorgcentrum is wettelijk verplicht om incidenten te registreren, zoals ongevallen en fouten.

Na de vechtpartij trekt de verzorgende zich terug in het kantoortje. Vanwege het in te vullen MIC'je worden de heren aan hun lot overgelaten. Het lijkt alsof er meer moet worden geschreven dan gezorgd.

Enkele dagen na de schermutseling is René nog steeds aangeslagen. De details weet hij niet meer. Wel dat hij aan het vechten was met een 'inbreker'. Hij voelt zich niet meer veilig. 'Stevig hang-slot en alarmerings-instal-la-tie', vermeldt zijn boodschappenlijstje. Hij is op zoek naar het telefoonnummer van de politie en overweegt zelfs de aanschaf van een 'wakende hond'.

Hij zoekt houvast in zijn werk. 'Ik zou graag weer eens samen een belangrijk onderwerp bij de kop willen nemen, met alle aspecten eraan. Zoals wij dat ooit samen deden,' vertrouwt hij me toe. 'Ik heb heimwee naar die tijd.'

Twaalf jaar lang was René mijn vaste 'researcher'. Hij zocht literatuur bij de onderwerpen van mijn columns, artikelen of boeken. Dat deed hij vol vuur, gedreven door een missie: de bevolking van 'wetenschappelijk verantwoorde' informatie voorzien, opdat zij 'een scherp oordeel over maatschappij en politiek kan vormen en eigen keuzes kan maken'.

In zijn Tilburgse flat lag steevast een plastic map klaar met de sticker: 'aan Stella geven'. Liever nog kwam hij het me persoonlijk brengen. 'Dan houd je meer tijd over voor je werk.' Een map met uitgeknipte artikelen of onderzoeken over mijn onderwerpen. De onderkant van de arbeidsmarkt, fraude, Grijze Wolven, daklozen. Lijvige rapporten hoefde ik niet zelf te lezen, dat deed René wel even. Hij maakte er een leesbare samenvatting van en kwam die mondeling toelichten, terwijl ik ijverig zat te pennen. We waren niet alleen vader en dochter, maar ook collega's.

Nu wil René zich graag op een nieuw thema storten. 'Maar ja, het is intussen een héle, héle andere wereld,' verzucht hij met zijn ogen dicht. 'Rusland. Alle communistische landen zijn foetsie. We weten niet hoe het verder gaat. Waarom neemt men het zo gelaten op? Het is fantastisch, de machthebbers zijn verdreven. Revolutie!'

Op de bijzettafel naast zijn leunstoel ligt een proefschrift van Trees Pels over de opvoeding van Marokkaanse kleuters in Nederland. Typisch een onderwerp voor René. Hij leest er elke dag een stukje uit, de gele markeerstift als vanouds in de aanslag. Anders dan vroeger markeert hij nu ook de voetnoten.

Het gaat hem niet makkelijk af. Hij kan nog wel lezen, maar 'als ik de ene alinea uit heb, en aan de volgende begin, ben ik de eerste alweer vergeten. Die moet ik opnieuw lezen. Totdat je denkt: Geef het op!' Maar ook die conclusie beklijft niet en het ritueel begint van voren af aan.

'Ik ben het heldere denken kwijt,' zegt René. Hij draagt meteen een oplossing aan: 'Ik moet het werk herstructureren. Alles in kleine hapjes. Hoe rustiger ik mijn energie gebruik, hoe plezieriger en realistischer ik ben.'

Hij tikt met zijn wijsvinger op het proefschrift. Tijd voor de literatuuroverdracht. Hij friemelt aan de sleutels om zijn nek en steekt van wal: 'Je kunt die Marokkaanse ouders erop attenderen dat ze het anders kunnen doen. Dat de ouders in ons land het anders doen dan daar. Als je vervolgens... sorry. Ik heb het in mijn hoofd, maar kan het niet vertellen.'

Er is nog een rudiment overgebleven van zijn vakgebied. Van de vaardigheden die iemand zijn leven lang opdoet, blijft nog ver in de dementie iets bewaard. 'Leuk is het zeker,' vervolgt hij met de bevlogenheid van de oude René die iets nieuws heeft ontdekt. 'Want als je die ouders leert hoe Nederlanders het doen, dan kunnen zij het ook, hoewel met een andere intentie. Omdat de cultuur, de literatuur van de Marokkanen, op bepaalde punten beter is dan de cultuur van de...' Hij kijkt me vragend aan.

'Autochtonen?'

'Precies!'

'Wij hebben aan een half woord genoeg,' zeg ik.

'Ja, we hebben antwoord genoeg.' René staat op en ijsbeert door zijn kamer. Soms wordt hij bevangen door onrust. 'Ik heb een nieuwe ik. Een Marokkaanse ik,' laat hij zich ontvallen. Hij schrikt van zijn eigen woorden. 'Wat een vreemde opmerking,' zegt hij opgelaten.

Er klopt een verzorgende aan. 'De schone was is gearriveerd,' zegt ze vriendelijk.

René: 'Klopte de portie?'

Ze komt ook een kopje koffie brengen. René drinkt het snel leeg. Onzeker kijkt hij me aan. 'En nu? Hoe luiden de zeden hier? Moet ik dit kopje afwassen of schoonspoelen voordat de overbuurvrouw het terugkrijgt?'

'Schoonspoelen is goed,' stel ik hem gerust. 'Zullen we het samen terugbrengen?'

'Graag, maar ik weet niet waar zij woont.'

We zetten het kopje op het aanrecht in de 'huiskamer'. Als we teruglopen, vraagt René: 'Wat zijn dat nou voor mensen aan wie wij het kopje hebben teruggegeven?'

'Ziekenverzorgers.'

'Werkelijk?' Hij fronst zijn wenkbrauwen. 'Ik krijg het idee dat het een soort van club is.' Is hij in een clubhuis beland? Het is een nieuwe optie. Of is hij toch op de universiteit? In een congrescentrum? Een internaat? Of is hij, wat hij het meeste vreest, in handen van een bende van 'criminelen en precriminelen'?

Het kerstfeest nadert. 'De heer doet bijna niet meer mee aan activiteiten, blijft liever op de kamer,' vermeldt zijn zorgdossier. René is uitgeput. Dat komt door Alzheimer, zegt hij: 'Ik denk dat de kern van mijn ziekte vermoeidheid is, in combinatie met de verwachtingen van je omgeving dat je nog steeds hetzelfde zou kunnen.'

De 'werkgroepen' putten hem uit. 'Ik kan me wel concentreren, maar het is snel op.' Bovendien is hij het niet met alle programma's eens. 'We hebben net een spel gedaan, ik ken het niet; het heet *sjoemelen*.'

'Bedoel je sjoelen?'

'Weet ik niet. Maar het is niets voor mij.'

Een paar dagen later loop ik de afdeling weer binnen. De bewoners zitten in de huiskamer aan een tafel. Elf dames. René zit er met kleine oogjes tussen. Ze zijn een spelletje aan het doen. Spreekwoorden raden.

'Zoals de waard is...' zegt de activiteitenbegeleidster. Ze kijkt haar oude pupillen verwachtingsvol aan.

Het blijft stil.

Ze geeft een hint: 'Vertrouwt hij...'

'... zijn gasten.'

'Goed zo, mevrouw Jansen!'

René is opgelucht als hij me ziet: 'Kom je me bevrijden? Fijn. De werkclub heeft weer een hoop tijd gekost en weinig opgeleverd.' Hij heeft het idee dat hij nog steeds moet presteren, maar juist dát kan hij niet meer. Hij faalt voortdurend. Ja, hij moet het kalmer aan doen en noemt dit 'bewust een vakantiehouding aannemen'. Maar is hij nog wel zinvol bezig? Dat vraagt hij zich af. 'Je krijgt problemen met de veelheid van dingetjes die je dagelijks op je bureau krijgt,' legt hij uit. 'Dingetjes waar je telkens naar moet kijken. Die je in een opbergplaats moet doen. Het is een heel arsenaal aan dingen dat je moet opruimen. Maar dat lukt me niet meer. Moet ik het niet overlaten aan een ander? Ik kom vaak te laat op vergaderingen, want mijn horloge is stuk en ik heb geen klok meer.'

Geen klok meer? Weet hij dat wel zeker?

'Daar zeg je me wat, ik registreer niet goed,' zegt hij beschaamd. 'Misschien héb ik wel een klok, maar zie ik die over het hoofd.'

Op zijn boodschappenlijstje prijkt 'Lexington', terwijl René ruim veertig jaar niet meer rookt. Waarom verlangt hij naar een rokertje? 'Om een negatieve indicatie te krijgen,' antwoordt hij. 'Zo kan ik mijn einde bespoedigen.'

René voelt zich eenzaam. Bij wie kan hij zijn verhaal kwijt? 'Er is hier geen fatsoenlijk gesprek mogelijk. Iedereen is zijn geest aan het verliezen,' vertrouwt hij zijn zorgcoördinator toe. En op mijn voicemail spreekt hij in: 'Ik lijd er heel erg onder. We moeten vooruit. Stappen zetten. Anders zitten we elkaar over vijftig jaar nog aan te kijken... help me alsjeblieft!'

René is depressief, maar zijn verzorgenden herkennen het niet. Daar zijn ze niet voor opgeleid. 'Elke ochtend is alles nieuw,' zegt hij. Als de informatie niet meer wordt opgeslagen, kun je geen routine opbouwen. Daarom ontwaakt René elke ochtend in een voor hem volstrekt vreemde kamer. Waar zit het lichtknopje? Waar liggen zijn kleren en portemonnee? Waar bevindt zich het toilet? De uitgang? Waar ís hij?

Mijn vader moet steeds nieuwe lagen in zijn geheugen aanboren en vreest dat hij de bodem heeft bereikt. 'Ik kan mijn afsprakenlijstje niet nalopen en werken lukt ook niet. We zijn weer een ervaring rijker met moedertje natuur,' zegt hij cynisch.

De geheelonthouder laat zelfs anis aanrukken. Maar na een half glas trekt hij een zuur gezicht. 'Morgen gaan we naar de bieb,' probeer ik hem op te vrolijken. Waarop hij zegt: 'Morgen? Prááṫ niet over morgen. Ik moet mij eerst het vandaag zien te herinneren.'

In de bibliotheek kan hij zijn zorgen even vergeten. Als een kievit rent hij op de afdeling met groteletterboeken. Hij grijpt zomaar een boek en begint erin te lezen. 'Het zou best een maatje groter mogen,' merkt hij op. Hij steekt zijn vinger in de lucht. 'Een loep!' Met een kwiek loopje gaat hij op zoek naar een medewerkster.

'Mevrouw, verkoopt u ook een loep?' vraagt hij aan de balie. 'Zo'n ding waarmee je de letters wat groter kunt lezen,' licht hij voor de zekerheid toe. Het lijkt wel alsof ze hem steeds minder begrijpen.

'We hebben inderdaad een loep in huis,' zegt ze. 'Die mag u hier gebruiken, maar niet meenemen.' Ze komt overeind en keert terug met een loep.

René knikt instemmend. 'Precies wat ik bedoel. Een lettervergroter. Wat ben ik u verschuldigd?'

'Meneer, wij verkopen geen loepen.'

'Maar dit is toch een loepenzaak?'

'Nee meneer, dit is een bibliotheek.'

'Maar zojuist verkocht u mij toch een loep?'

Ze richt zich tot mij: 'Kunt u 't hem uitleggen? Hij snapt het niet meer, hè. Sneu.'

Altijd hetzelfde liedje. Waar hij bij is, wordt óver hem gesproken. Een mens met dementie heeft de status van een kleuter. René: 'Het emancipatiegehalte is nul. Omdat het een ziekte is die oude mensen treft, heeft men de neiging het niet serieus te nemen.'

René krijgt bijval van de Gezondheidsraad. Volgens dit adviesorgaan weet de samenleving niet goed raad met dementie. Uit schaamte worden dementerende familieleden binnengehouden. Zelfs in zorgcentra worden zij gescheiden van de niet-dementerende bewoners, alsof zij overlast veroorzaken.

Waarom rust er een taboe op deze ouderdomsziekte? Dat heeft een aantal oorzaken. In een tijd van economisch nut heeft de moderne mens moeite om de gebreken van de ouderdom te accepteren. 'Terwijl in vroegere tijden veroudering werd gezien als een existentieel proces met lichamelijke en geestelijke aspecten, wordt ouderdom nu meer en meer opgevat als een praktisch probleem dat met behulp van wetenschap en technologie oplosbaar is,' schrijft de Gezondheidsraad in zijn rapport.[4] Vroeger overheerste het beeld dat ouderen hun dagen slijten achter de geraniums. Dat is vervangen door dat van 'de vitale oudere die nog midden in de maatschappij staat, volop van zijn vrije tijd geniet, reist en andere leuke dingen doet. [...] Vitale ouderen worden de maat waarmee men andere ouderen meet.' Bovendien is de opvatting over dementie tijd- en cultuurgebonden. 'Cognitie, rationaliteit en autonomie staan tegenwoordig in hoger aanzien dan gevoel, emotionaliteit en afhankelijkheid.' Daarom ook is de beeldvorming over Alzheimer zo negatief en is de kloof tussen zorgbehoeftige ouderen en de rest van de maatschappij vergroot.

Mensen met dementie krijgen te maken met heel wat vooroordelen. De Gezondheidsraad heeft ze op een rijtje gezet. Eén: zij zouden niets meer beseffen. Twee: ze zijn minder dan anderen. Drie: je kunt niet met ze communiceren. Vier: per definitie wilsonbekwaam. Vijf: dementie is ontluisterend. Zes: aan dementie valt niets te doen.

Tijd om uit het verdomhoekje te komen, maar René heeft zijn twijfels. 'Ik vraag me af of de samenleving rijp is om anders naar dementie te kijken,' zegt hij. 'Nu denken ze: die lui zijn kierewiet.'

Op zijn bureau voor het raam liggen altijd pen en papier klaar. Zo kan René zijn ideeën opschrijven – als hij het niet vergeet. Op een ochtend overhandigt hij een aantekening. 'Kijk maar of je dat kunt gebruiken.' Er staat: 'Uitdiepingswaard: patiënt-beleving.' Hij licht toe: 'Het gaat erom hoe de patiënt zichzelf en zijn omgeving ervaart.' Veel verder komt hij deze dag niet: te moe. 'Het is afhankelijk van je stemming of je goed met het materiaal kunt stoeien,' legt hij uit. 'Jammer dat ik niet elke dag flink kan doorwerken. Ik moet steeds te veel herhalen om weer op gang te komen. Die energie kun je beter besteden aan het ontwikkelen van de stof.'

De medewerkster die zijn bed staat op te maken, luistert ademloos mee. 'Ongelooflijk,' zegt ze. 'Net een professor.'

Korte tijd later ligt de volgende aantekening op zijn bureau: 'Elk mens wordt met Alzheimer geboren, waarna het zich verder ontwikkelt.'

'Wordt iedereen met Alzheimer geboren?' vraag ik René.

'Wie zegt dat?'

'Jij.'

'Ik? Je maakt een grapje,' zegt hij. Als ik hem zijn aantekening laat zien, zegt hij verwonderd: 'Inderdaad, mijn handschrift.'

Eerste kerstdag, halféén 's middags. Oud-echtgenote Marijke, zoon Camille, schoondochter Jansi en de kleinkinderen Arjuna en Barati, een tweeling, maken hun opwachting. René laat de invasie gelaten over zich heen komen en doet er het zwijgen toe. Dan maakt hij in elk geval geen fouten.

Marijke probeert toch een gesprekje aan te knopen: 'Wat woon je mooi in Maastricht. Bevalt het je hier?'

René schudt zijn hoofd en zegt: 'Ik hou niet van de mentaliteit van de Tilburgers.'

'Maar René, je woont in Maastricht,' zegt Marijke verbaasd. 'Niet in Tilburg.'

'Wát?' Nu zet René grote ogen op. 'Maar Tilburg is toch niet hetzelfde als Maastricht?'

Tweede kerstdag. René zit te dutten in een stoel in de 'huiskamer'. Op zijn schoot een studieboek over de werking van het geheugen. Hij is lezend in slaap gevallen. En schrikt op. 'Zijn de winkels vandaag open?'

Terug in zijn kamer begint René met de handen op zijn rug te ijsberen. 'O mensen, o mensen, o mensen.' Hij gebaart naar de papieren die lukraak op zijn bureau liggen. 'Ik kan daarin geen orde meer aanbrengen. Ik kan niets meer... moet met alles geholpen worden,' kreunt hij.

Het kerstdiner wordt op zijn kamer geserveerd. Als voorafje soep. René knoeit en wordt daar chagrijnig van. 'Het duurt lang voordat je het kopje leeg hebt. Vroeger was het in een paar happen *versplonken*.' Steeds vaker komt hij met nieuwe woorden op de proppen. 'Het lijkt alsof ik stotter, maar het is iets anders. De woorden haperen. Er zit een vuiltje in mijn taalvermogen,' legt hij uit. Dat vuiltje staat te boek als 'afasie': een stoornis van de taalfuncties. De deur naar de woordenschat in het geheugen zit klem. Je vindt de juiste woorden niet meer.

Er wordt aangebeld. Een verzorgende komt informeren of het eten smaakt. 'En kan ik u nog ergens mee van dienst zijn?'

René kijkt haar ijzig aan. Als ze vertrokken is, zegt hij: 'In dit gebouw waar ik een werkkamer huur, wordt steekproefsgewijs gecontroleerd of er dames bij de heren op bezoek zijn.'

Hij grijpt zijn papieren servet en begint het nauwgezet te vouwen. 'Zit er nog wat in de kist?'

'Kist?'

'De *ijskist*.'

Daar is het hoofdgerecht. 'Als er maar geen gif in zit. Ze zijn hier tot alles in staat.' René heeft duidelijk zijn dag niet. Hij propt het gevouwen servet in zijn broekzak en vervolgt: 'Je moet het eens meemaken, dat koeioneren door de zusters. Vraag je wat, krijg je een snauw. Iedereen wordt met minachting bejegend. Alleen al hoe ze naar die mensen kíjken.'

Het toetje arriveert. 'Als dit op is, wil ik naar huis.'

's Avonds grijpt hij zijn notitieblok en schrijft: 'Alle kleren meenemen!' En: 'Stella: NIET mijn huur vooruit betalen.'

'BAD' prijkt op zijn boodschappenlijstje. René hunkert naar een lekker warm bad. Op een zondagmiddag smeekt hij Cees om een bad te regelen voor de volgende dag.

Ze lopen naar de observatiepost. En krijgen 'nee' te horen: geen tijd.

René vertrouwt het niet. 'Hou het in de gaten,' waarschuwt hij zijn schoonzoon. 'Ze brengen het tóch in rekening.'

's Avonds belt hij met de vraag: 'Hoe laat is het? De klok doet het niet.'

'Tien voor halfzeven.'

'Wacht, even opschrijven. Hoe laat ook alweer?'

'Tien voor halfzeven.'

'Hoeveel minuten duurt het nog voor het acht uur is?'

'Ruim anderhalf uur.'

'Mag ik je dan om acht uur bellen om te kijken of het klopt? Ik probeer mijn geheugen te verbeteren.'

Op het afgesproken tijdstip bel ik zelf terug. Op de achtergrond hoor ik de tv. 'Zit je sport te kijken?'

'Helaas wel.'

'Niets voor jou.'

'Inderdaad. Schaatsen. Vroeger reden ze nog weleens leuke figuurtjes. Nu is er niks meer aan.'

Dat krijg je ervan als je de tv niet kunt bedienen. René is afhankelijk van wat zijn bezoek of verzorgenden opzetten, áls ze er al aan denken.

De volgende ochtend zit hij aangeslagen in zijn stoel. Sleutels zoek. We kammen het appartement uit. Niets. Ik kijk onder zijn overhemd. Raak.

René: 'Maar zijn het wel de goede sleutels?' Het avontuur van de dementie dreigt een nachtmerrie te worden. 'Ik onthoud geen fluit meer.' Hij spitst zijn oren. 'Wat hoor ik?' Stemmen op de gang. Behoedzaam opent hij de deur. Niets. Even later klinkt weer geluid. Hij kijkt me angstig aan: 'Zit de deur wel goed op slot?'

Op zijn schoot ligt *Engelenmagie*. Dat boekje is in deze tijd zijn bijbel. 'Ik ben erin gaan gelóven,' zegt hij met tranen in zijn ogen. 'Als niks of niemand meer helpt, zijn er altijd nog engelen. In nood kun je de beschermengelen aanroepen.'

Met zijn gele markeerstift heeft René zowat alle passages in het boekje aangestreept. 'De engelen zijn de help-armen – letterlijk, zij kunnen je bijvoorbeeld uit het water trekken als je dreigt te verdrinken,' zegt hij enthousiast. 'Help-arm: de hulp die je krijgt van God. Waar nodig heeft hij een bataljon engelen geplaatst.'

Hij neemt een slok koffie, zet het kopje naast het schoteltje neer en vervolgt: 'Het was in een tijd dat ik niet zo lekker in m'n vel zat. Of engelen wel of niet bestaan, het werkt. Laten we maar aannemen dat ze bestaan, en niet verder analyseren. Sommige mensen vinden het kinderachtig. Dat moeten ze zelf weten. Ik vind het sympathiek te denken over God, computers, engelen en de mens. Een computer doet het niet beter dan die lieve engelen. Maar wat vind jij ervan?'

'Klinkt interessant,' zeg ik.

'Gelukkig maar,' zegt hij. 'Weet jij niet iemand die dit boekje wil lezen? Want het is niet de bedoeling dat de engelen worden afgeschaft.'

Het gebeurt bij het middageten. De getergde behandelaar weigert te gaan zitten. '*Zoe geit 't neet langer. Iech kin abstriép-se-striép-luut neet functionere. Iech staak.*'

'*Menier Van Neer, gaot uuch toch zètte,*' probeert de verzorgende die het eten opdient. Niks daarvan. René blijft staan en verheft zijn stem: '*Zelfs de woen- en verbliefplaots vaan mie personeel weurt achtergehawwe.*'

'*Menier Van Neer, v'r höbbe heerleke sop.*'

'*Geer goejt mie vak te grabbel. Mèt alle theorieje weurt e luipke genome. Mienen inbring weurt volkoume genegeerd.*'

'*Gaot ezzebleef rösteg ete.*'

'*Iech wèl neet zitte, neet ete! Iech daon pas weer mèt es iech dudelekheid höb euver mie team.*'

Eén dag later zegt René: 'Ik heb zórg nodig.'

'Wat voor zorg?'

Hij spreidt zijn armen. 'Zo groot mogelijk.' En pakt zijn blocnoteje om het op te schrijven. 'Het probleem is het geheugen. Ik moet steeds...' En: 'Het aan- en uitzetten van de tv, óók zo'n crime. Kunnen we geen plan maken voor een zinvol gebruik van de tv?' Of: 'Lampen met drukknoppen zijn ingewikkeld. Maar er zijn natuurlijk ergere dingen.' Zijn praktische vaardigheden is hij vrijwel kwijt.

Hij staat abrupt op. 'Lekker bad.' En verdwijnt in de badkamer.

Even later komt hij ontredderd tevoorschijn, in zijn hemdje en op sokken. Bij nader inzien bleek het bad een douche. Hij wilde zich uitkleden, maar kwam niet ver.

Als ik de trui weer over zijn hoofd sjor, mompelt René: 'Ach wat treurig. Net de kleuterschool.' En als ik zijn schoenveters strik: 'Konden we maar van handen ruilen. Zoiets zou toch moeten kunnen in de twintigste eeuw.'

'De éénentwintigste, pap.'

'Lieve hemel, is er alwéér een eeuw voorbij?'

Genoeg gepraat, we gaan op stap. In de gang word ik aangeklampt door een kleine oude mevrouw. Leunend op haar rollator staat ze in de deuropening van een van de kamers. 'Ze zeggen dat dit mijn kamer is, maar ik herken de spullen niet. Is dit heus mijn kamer?' vraagt ze mij.

'Bent u mevrouw Jansen? Ja? Dan is dit uw kamer, want uw naam staat op de deur.'

'Waarom herken ik 't dan niet?'

'U hebt twee hersenbloedingen gehad. Daardoor haperen uw hersenen soms.'

Ze schudt dankbaar mijn hand. Maar waar is René gebleven? Die loopt zoekend door de gang.

Buiten valt zijn blik op het bord bij de ingang, met daarop in grote letters ZORGCENTRUM KOEPELHOF. 'Kijk,' zegt René. 'Een zórgcentrum. Dát probeer ik je steeds duidelijk te maken. Dáár zou ik graag behandeld willen worden. Daar is tenminste zorg.'

5

ONGEWENST VERKLAARD

Koepelhof wil van de bejaarde lastpak af. Dat werd half december al duidelijk bij zijn eerste evaluatie. Zijn zorgcoördinator deelde mee: 'Op de afdeling is meneer in de slechtste situatie qua geheugen en gedrag. Hij vertoont wegloopgedrag en is nu en dan opstandig. Meneer laat zich niet altijd wassen en helpen bij het aankleden.'

Kort erop is er weer zo'n gesprek. 'We merken dat u hier niet content bent. U wilt wel, maar het lukt niet meer. Het probleem is: u wilt weg, naar buiten, maar dat is gevaarlijk,' zegt de adviserend verpleeghuisarts (anno 2015 'specialist ouderengeneeskunde') die met de afdelingsmanager bij René op bezoek is.

'Bij mij is niets anders kwijt dan het geheugen,' zegt hij beledigd. 'Dat is al erg genoeg.'

'U bent al eens het spoor overgestoken.' De spoorlijn tegenover Koepelhof. 'U kunt de weg niet terugvinden,' somt de verpleeghuisarts op. 'Er zijn een heleboel uren niet gecoverd.' Waarmee bedoeld: de uren dat hij aan zijn lot is overgelaten. Tot mij: 'En u kunt er ook niet altijd zijn.'

We moeten op zoek naar een 'verpleeghuissetting'.

Daar is meer personeel. Een afdeling met een code op de deur, zodat de bewoner zelf niet naar buiten kan. Een nieuw verblijf voor René, terwijl hij amper aan zijn verhuizing is gewend? 'Dat kunt u niet menen,' zeg ik onthutst. Is ons niet verzekerd dat hij in Koepelhof zou kunnen blijven? Als zijn dementie zou verergeren, kon hij toch op de vijfde verdieping terecht? Inderdaad, óók een 'gesloten afdeling'. Maar wel in hetzelfde vertrouwde gebouw. Wie had kunnen denken dat de kersverse bewoner, tot voor kort zelfstandig wonend, binnen enkele maanden rijp is om te worden opgesloten?

Bij nader inzien is de heer een 'te zwaar geval' voor de vijfde verdieping, waar dertien patiënten in harmonie heten te verblijven.

'U moet de belofte dat hij mag blijven altijd zwart op wit vragen,' waarschuwde een insider in deze tak van zorg me al. Zij komt dagelijks over de vloer in zorgcentra en kent 'zo veel gevallen waarin beloofd werd dat ze mochten blijven. Maar als ze te lastig worden en de medicijnen helpen niet, is het wegwezen.'

René achter slot en grendel? Nu al? 'Het kan helaas niet anders. Meneer vertoont wegloopgedrag.'

Wat nu? 'Een nieuwe verhuizing moet hem zo lang mogelijk bespaard blijven,' houd ik ze voor. 'Ik wil particuliere zorg inkopen, zodat René meer individuele begeleiding krijgt. Zijn depressie is misschien met antidepressiva te ondervangen.' (Pas jaren later zal ik ontdekken dat antidepressiva zinloos zijn bij mensen met dementie, zie hoofdstuk 12.)

De afdelingsmanager vindt dat een goed idee. Zij zal op haar beurt zorgen dat er snel een 'stappenplan' komt. 'We gaan hem observeren, analyseren en kijken op welke momenten hij extra hulp nodig heeft. Dan kunnen jullie daar die extra zorg op organiseren,' zegt ze.

Desondanks wordt toch het CIZ ingeschakeld. Die instantie moet immers beoordelen waar René het best tot zijn recht komt. Haast is geboden. We hebben een maand om René een nieuwe verhuizing te besparen.

Zijn huisarts schrijft antidepressiva voor. Ik plaats een advertentie voor activiteitenbegeleiders, extra zorg die door René zelf wordt betaald. Zo leren we studente Lieke kennen. Ze gaat met hem naar de bibliotheek en supermarkt. René denkt dat ze stage bij hem loopt. 'Zij lijkt mij zeer geschikt voor de studie, maar ik beklaag haar dat ze door mij onderwezen moet worden.'

Een andere 'privébegeleider', Jean, brengt René met enige regelmaat naar Someren, zodat hij Marijke, zijn zoon, schoondochter en kleinkinderen kan zien. Ook zijn broers, schoonzussen en zus komen trouw op bezoek.

Zal het lukken?

Bij de evaluatie is René niets gevraagd. Jammer, want als 'behandelaar met dementie' heeft hij forse kritiek op de gang van zaken in de zorg. Hij heeft zijn kritiekpunten op papier gezet.

1 Geen aandacht in-di-vi-du.
2 Gebrek goede be-je-ge-ning.
3 Werkgroepen te zwaar.
4 Nodig: maat-schap-pelijk werkers voor prak-tische hulp.

René licht toe: 'Ze hebben hier mooie programma's, maar zonder de instemming van de cliënt heb je daar weinig aan.' Dat heeft hij eerder gezegd en wel in betere tijden.

Vier jaar eerder schreef René een verhaal van zestien kantjes over de povere kwaliteit van de ouderenzorg. Het zou zijn laatste uitgebreide onderzoek worden. Maandenlang had hij de literatuur over het thema bestudeerd. Hij stuurde me zijn bevindingen met de mededeling: 'Een column waard?'

'We weten nu eindelijk wat goede zorg is, maar volgt de zorgwereld dat nieuwe denken?' schreef René in zijn inleiding. Het blijkt dat 'de verstrekte zorg in veel gevallen kwalitatief onvoldoende is'. En dat 'de zorgvrager als persoon onvoldoende recht gedaan wordt'.

'Als persoon ben je een uniek en respectabel individu met eigen verantwoordelijkheid, met (zelf)kennis, met mogelijkheden op allerlei gebied, kortom, je bent eigen baas,' schreef hij verder. 'Het lijkt dus logisch dat iemand die in de zorg komt, ook gelegenheid krijgt voor een eigen inbreng in het zorgprocedé: met als doel daar mede een eigen, voor hem optimale vorm aan te geven. Maar de praktijk is anders.' Die vatte hij samen met de woorden 'standaardzorg. Geen zorg-op-maat dus.'

Nu maakt René die standaardzorg aan den lijve mee. In Koepelhof heerst een vast regime. 'Je reinste groepsterreur,' zegt hij. De eens zo zelfstandige mens hervindt zich in een soort kindercrèche.

Februari 2004. Het werk van het 'crisisteam' lijkt vruchten af te werpen. René zingt zelfs af en toe een deuntje. Op een middag neuriet hij 'Tulpen uit Amsterdam'. De tekst weet hij niet meer, de strekking wel: 'Het gaat over een vrouw die met bloemen door een buurt in Amsterdam loopt.' Enthousiast: 'Schrijf er maar tien op. Dat is een mooi rond getal. Ik wil alleen nog personen om me heen die niet vals zingen en niet zeuren.'

René is opgeknapt. 'De heer heeft de laatste tijd wat meer tijdsbesef en plaatsbesef.' En: 'De heer liet zich vanmorgen goed verzorgen.'

Op een dag komt hij me opgewekt tegemoet. De sleutels hangen niet om zijn nek, het lijkt hem niet te deren.

René wil op stap. 'Vandaag is weer een dag voor veel exploratie,' zegt hij met een grijns.

Bij het verlaten van zijn kamer gluurt hij naar de waszakken die weer klaarstaan om te worden opgehaald. Die zakken fascineren hem. Een halfuur later zegt hij: 'Als het goed is, staat er een overlevingsbuidel op de gang. Die is bestemd voor in nood, voor als we moeten evacueren.'

Onderweg op straat rinkelt mijn telefoon. Een kennis wil weten wanneer ik kom. 'Als ik hier klaar ben, kom ik naar je toe,' zeg ik.

'Kom je naar mij toe?' vraagt René.

'Pap, ik ben aan het bellen.' Ik gebaar naar mijn mobieltje, maar René lijkt het niet op te merken.

'Moet ik iemand bellen?' vraagt hij.

'Gaat het goed met je?' pak ik het telefoontje weer op.

René: 'Het gaat prima.'

'Hoe laat spreken we af?'

'Afspreken? We zijn nú toch al samen?'

In het restaurant van de bibliotheek geniet hij van koffie met taart. 'Ik ben blij dat ik niet meer hóéf te werken. Het voelt een beetje als vakantie vieren,' zegt hij tevreden. Zijn verzorgenden zijn ook blij met de veranderingen. Een van hen spreekt me op een ochtend aan: 'Ik heb uw vader vanmorgen gedoucht. Zijn haar en baard gewassen. Hij vond het héérlijk.'

Maar waar blijft het beloofde 'stappenplan'? Zodat we weten welke activiteit op welk tijdstip voor René geschikt is en we gericht extra zorg kunnen inkopen? Eén maand na het overleg overhandigt zijn zorgcoördinator trots een A4'tje met de tekst: 'Wat is het probleem? De heer laat zich 's morgens niet altijd verzorgen.' Hij zou het uit handen geven van de controle als bedreigend ervaren. Gevolg: 'De heer loopt er soms ongeschoren en ongewassen bij. Onrust, weerstand, irritaties.'

Gewenste actie: 'De heer gaat één keer per week op donderdag in bad.' En: 'De heer vriendelijk en met respect benaderen en ook rustig.'

Resultaat: 'De heer voelt zich serieus genomen.'

'Het stappenplan rept over een verzorgingsprobleem in de ochtend. Maar hoe is René 's avonds?' vraag ik de zorgman.

Hij antwoordt: ''s Avonds? Dat weet ik niet, want dan ben ik er niet.'

Mag René inderdaad één keer per week in bad zoals wordt geadviseerd? René en ik gaan het samen aan de zorgman vragen. 'Helaas. We hebben maar één bad voor twee afdelingen,' zegt hij. 'Als je iets afspreekt, kan het schema veranderen en gaat het niet door. Soms lukt het niet omdat er iemand ziek is.' Het is geen kwade wil, verzekert hij ons: 'Bezuinigingen. En het werk wordt bemoeilijkt door de bureaucratie.' Steeds meer regels, controles en formulieren.

Er zijn dagen dat René zich beter voelt. Dan is er nauwelijks 'kortsluiting in het hoofd'. Op een middag in de supermarkt kan René moeiteloos aanwijzen welke koekjes hij al heeft. Bij de kassa grijpt hij zelfverzekerd zijn portemonnee. 'Ik wed dat het eenenveertig euro kost,' grinnikt hij.

'Dan zou hier geen klant meer staan,' werp ik tegen.

De caissière lacht. René is in zijn element. 'Het leven is verrukkelijk,' zegt hij als we de supermarkt verlaten.

Weer terug in Koepelhof zwaait René met een peperkoek. 'Een gek verhaal,' zegt hij lachend. 'Het lag zomaar in mijn brievenbus. Reclame van de peperkoekfabrikant?'

René begint weer op te ruimen. Net als in Tilburg brengt hij zijn dagen bij voorkeur ordenend door. Hij stapelt de oude kranten netjes op bij de deur. Scheurt het overzicht van het tv-programma uit, al is het toestel 'abracadabra' geworden. Rommelt bij het keukenblok, propt een potje jam in de la en bestudeert de inhoud van de ijskast. 'Ik heb gisteren iets gebikkeld,' zegt hij. 'Kan dat nog *afgebikkeld* worden?' Er ligt een halfverorberd huzarenei in de ijskast. Dat gaat er nog wel in. 'Heb je een zoutschuddertje? En hoe gaan we het verwarmen?'

'Een slaatje eet je koud,' zeg ik.

Hij verduidelijkt: 'Hoe kunnen we het gewone eten verwarmen?'

'In de magnetron.'

Dát bedoelt hij. 'Die tron hebben we nodig.'

'Oké, morgen kopen we een magnetron.'

Zijn oog valt op mijn cassetterecorder. 'Wat is dat?'

'Een cassetterecorder.'

'Aha, de afstandsbediening.' Hij pakt het apparaatje en gaat ermee voor de televisie staan. Teleurgesteld gaat hij weer zitten. 'Wat hebben wij vandaag voor dag?'

'Woensdag.'

'O, woensdag...'

'Woensdag, 18 februari 2004.'

'Wat zeg je, 2002?'

'2004.'

'En wat is twee-streep-nul nul acht, tweeduizendacht-streep-vier?'

'2004 is het jaartal.'

'O, is dat mijn lééftijd?'

'Nee, het jaartal. Je bent geboren in 1925. Nou is het al 2004. Kun je nagaan hoelang je al leeft.'

'2004... is het niet tweeduizendvierhonderdvijf, of zo?'

'Nee. Het is 2004. En dat schrijf je zó.' Met grote letters schrijf ik 2004 op een stuk papier. 'Kijk, twééduizendvíér.'

'Drieduizendvier,' zegt hij met een grijns.

'2004, het jaar waarin wij leven,' volhard ik. 'Vorig jaar was het 2003...'

'O.'

'En volgend jaar is het 2005.'

'Heel interessant allemaal, maar wat moet ik daarmee?'

'Jij vroeg toch zelf wat voor dag het is?'

'Klopt. Dat komt: ik ben vaak een beetje in de war met de tijden. Dat heeft ook leuke kanten: soms vier ik drie keer dezelfde dag. Maar jij noemt zó veel cijfers dat het begint te duizelen.'

Ik beloof hem niet meer lastig te vallen met een overkill aan getallen. Waarop hij zegt: 'Heel goed. Dan zijn we allebei tevreden en geplezierd, nauwkeurig en zeer geconcludeerd.'

Op carnavalsmaandag werpen we ons in het feestgedruis. Kinderen in zilveren hesjes en geschminkte vlaggetjes op de wangen, hun ouders met een das in de carnavalskleuren rood, groen en geel. Dames met paarse pruiken op en sambaballen. Rookspuwende praalwagens, vrouwen met witte vlinderbrilletjes, een gemaskerd meisje dat een wierookstokje rookt en veel bier. 'De Tilburgenaar is een vat vol biertonnen,' merkt René op.

Hij vervolgt: 'Het is lang geleden dat ik zó carnaval heb gevierd. Ik meen dat ik cowboy was. Dat was stoer voor een jongen... Jammer dat we er niet altijd zo bijlopen. Met carnaval ziet de stad er opgewekt uit.' Hij gebaart naar een paar jonge kerels in kostuums die op de trommels slaan. 'Dat heb je al snel met die Tilburgenaren. Er komen er een paar bij elkaar in de wijk en die beginnen een fanfare.'

In de euforie dalen we zorgeloos van een trap af. Boven begint René al te struikelen. 'Papa!' Ik grijp hem vast, maar val enkele treden mee omlaag. Hij hapt naar adem, zwaait met zijn armen en probeert zich aan de reling vast te grijpen. Vergeefs. Dansend dalen we de volgende treden af. Een paar seconden staan we stil, maar dan helt René voorover en struikelen we verder.

Beduusd, buiten adem en ongedeerd staan we beneden. René: 'Dat was een heel gewaagde plof.' Maanden later loopt hij nog met een boog om die trap heen: 'Daar gaan we maar niet van af. Daar hebben we toch een plof gemaakt!' Wat met veel emotie gepaard gaat, beklijft wel bij René, al kan hij de details niet meer navertellen.

De volgende dag bewijst de noodknop zijn diensten weer. 'Vervelend om het door de telefoon te moeten zeggen, maar ik moet al uren naar het toilet... en ik heb geen idee... ik kan hier moeilijk iemand bij zijn lurven grijpen met: "Breng me naar het toilet".'

'Het toilet is in je kamer,' licht ik hem in.

'In mijn kamer?'

'Ja, waar je nu bent. Als je voor je uit kijkt, zie je een aanrecht. Daartegenover zit een deur waarop een bordje hangt met wc. Doe die deur open en je vindt het toilet.'

'Ogenblikje.' René loopt weg. Dit moet een zware opgave zijn. René moet mijn instructies zien te onthouden én het feit dat ik nog aan de lijn hang.

'Gezien! Je bent een engel!'

Hoe krijgt hij het voor elkaar?

De spannende dag breekt aan. Woensdag 25 februari zal een mevrouw van het CIZ beoordelen of René naar een gesloten afdeling moet. De zogenoemde PG (psychogeriatrische)-afdeling.

'S Morgensvroeg bereid ik hem voor: 'Zo meteen komt er een mevrouw vragen hoe het met je gaat. Dan zeg jij: "Het gaat goed, heel erg goed",' druk ik hem op het hart.

René: 'Ik krijg de indruk dat het belangrijk is.'

'Juist. Er hangt veel van dit gesprek af.'

'Het gaat goed,' oefent hij ingespannen. 'Het gaat heel erg goed... welke vereniging zei je komt ook alweer op bezoek?'

'Het CIZ.'

'Ik meen dat ik daar lid van ben. Maar ik heb lang niets meer van ze vernomen.'

Ik leg hem de strategie uit: 'Als je er niet uit komt, kijk je naar mij en dan geef ik het antwoord. Anders moet je naar het verpleeghuis waar je opgesloten wordt. Je moet zeggen dat het goed met je gaat,' blijf ik herhalen.

René: 'Ik begrijp je boodschap, maar om nou te zeggen dat het hier zo goed gaat... dat is te veel eer voor dit internaat. Je moet hier zélf initiatieven nemen. Anders gebeurt er niets.'

Tegen elven verschijnt een mevrouw van rond de vijftig. Ze heeft geblondeerd haar, draagt een donkere wijde rok met een trui erover en zwarte halfhoge laarsjes. Ze ploft op de stoel bij Renés bureautje. Ook zijn zorgcoördinator en schoonzoon Cees zijn van de partij. Wat een drukte zo opeens. René is nu al moe.

Ze opent kordaat haar tas, pakt een blocnoteje, legt zijn dossier op haar schoot en houdt de pen in de aanslag. 'Hoe gaat het met u, meneer Van Neer?'

'Het gaat goed.'

Ze kijkt mij aan. 'Echt?'

Ik leg de situatie uit. De indicatie-instelling is ingeschakeld toen het slecht met René ging. 'De impact van de verhuizing is onderschat,' vertel ik haar. 'Bovendien is de zorg hier niet toereikend. Dankzij extra ingehuurde zorg is hij intussen redelijk hersteld.'

'Maar kan hij zich wel oriënteren?' Tot René: 'Waar bent u momenteel?'

Hij kijkt me vragend aan.

'Koepelhof!' roep ik snel.

‘Het is niet de bedoeling dat u gaat voorzeggen,’ kapittelt ze me.

‘Maar ook niet dat u een examen afneemt,’ werp ik tegen.

‘Ik wil wél zijn oriëntatievermogen testen.’

‘Gaat het niet om belangrijkere zaken? Er is te weinig individuele zorg voor de bewoners.’

Ze schudt haar hoofd. ‘Onmógelijk. Daar krijgen ze een budgét voor. De Koepelhof is verplícht voldoende zorg te verschaffen.’

Renés zorgcoördinator kan zich niet langer inhouden: ‘Ik heb momenteel negen à tien bewoners onder mijn hoede. Het is nauwelijks te doen. Er is een mevrouw met een katheter die nog maanden blijft zitten. Ik moet met haar naar het ziekenhuis. Voor weer anderen moet ik tientallen zaken regelen.’

Zij: ‘Daar krijgen jullie géld voor.’

Hij: ‘Zó veel bewoners met zo weinig personeelsleden. Als ik met eentje ga wandelen, wat gebeurt er dan met de rest?’

Zij: ‘Koepelhof moet kwaliteit leveren! Discussie gesloten.’

Hij: ‘Maar daar moet je wel geld voor hebben.’

René: ‘Ik heb een hekel aan Tilburgenaren.’

Ze schrikt op en zegt: ‘Dit proces is onomkeerbaar, meneer Van Neer. Uw beoordelingsvermogen zal achteruitgaan. U hebt al die jaren aan de goede kant gestaan, ziekten beschreven. Nu staat u aan de andere kant. Houdt u daar rekening mee. U wordt nooit meer beter.’

René: ‘Ik ben het niet met u eens. Het is juist een kans om het van de andere kant mee te maken. Je moet het omkeren: het is een vrolijke ziekte. Als je het zó brengt, kom je in een opgewekte stemming en dan kun je er wat mee.’

‘Nu goed, hebt u het hier naar uw zin?’ vraagt ze ten slotte.

‘Positieve geluiden en ontwikkelingen,’ antwoordt René. ‘*Never change a winning team*. Wat moet ik zeggen? Het gaat heel erg goed.’

De ‘verpleeghuisindicatie’ is van de baan. ‘En in het vervolg niet te snel het CIZ inschakelen!’ waarschuwt ze ons. Dát laten we wel uit ons hoofd.

6

INBREKERS AAN BED

Maart 2004. René hangt al vroeg aan de lijn: 'Met je beste vader. Ik sta hier aangekleed en al. Wat staat er op het program?'

Vandaag wordt hij door zijn privéverzorger Jean naar Someren gebracht. Ze drinken eerst koffie op zijn kamer. 'Hebt u vanochtend lekker ontbeten?' opent Jean het gesprek.

René denkt na. Hij schudt zijn hoofd. 'Nee. Ik moet helaas terugvallen op de avondboterham van gisteren.'

'Hebt u een gelukkig leven achter de rug?' vraagt Jean verder.

'Ik had gelukkige jaren met Marijke die zo goed kon dichten en de kinderen.'

'Bent u hier in Koepelhof ook gelukkig?'

René kijkt bedenkelijk. 'Het probleem is het geheugen. Dat het niet meer wil. Je bent aan het vertellen, maar halverwege weet je niet meer waar je 't over hebt. De werking van het geheugen gaat via bepaalde wetten. Dus je denkt: ik doe het zó, stap a, b, c... maar die wetten werken niet meer.' Hij neemt een slok koffie, zet het kopje naast het schoteltje neer, en vervolgt: 'Ik heb het natuurlijk zien aankomen. Mijn moeder had het ook.'

'En uw vader?'

'Die leeft nog. Of toch niet?'

'Hou oud is hij?'

'Als ik dát wist... 95?'

'Hebt u broers en zussen?'

'Nee. Die hebben we allang niet meer, nieuwe dan.'

'Hoeveel kinderen hebt u?'

'Dat weet ik niet meer. Dat zou ik in het gezinsboek moeten opzoeken.'

In de auto zegt René: 'Het blijft natuurlijk behelpen in Tilburg.'

'Hebt u soms in Tilburg gestudeerd?' vraagt Jean vanachter het stuur.

'Dat weet ik niet meer,' zegt René. 'Maar naar welke plaats zijn we op weg?'

'Naar Someren.'

'Ken je de route?'

'Op m'n duimpje.'

'En waar is Stella?'

'Die zit achter u.'

Tegen halftwaalf staan we voor het huis waar René met Marijke, zoon Camille en mijzelf heeft gewoond. In de jaren zeventig verliet hij dit huis en trouwde met een andere vrouw. Ook zijn tweede huwelijk liep op een scheiding uit. Het bracht René tot de conclusie dat hij niet geschikt is voor het huwelijk. Hij had beter met de wetenschap kunnen trouwen.

Maar van dit alles herinnert René zich niets meer als hij over het tuinpad naar de voordeur loopt. Verdrietig: 'Waarom is het tussen Marijke en mij toch tot een einde gekomen? Voor zover ik weet was er geen andere vrouw in het spel.'

Marijke komt hem tegemoet. René, verbaasd: 'Wóón jij hier?' En als de koffie geschonken is: 'Wat is precies de bedoeling van deze bijeenkomst?'

Marijke zit in haar rode leunstoel. Om de stemming erin te houden, draagt ze enkele van haar limericks voor:

'Een lesbische kip in Bakel
vond de haan in haar hok een obstakel.
"Hij kraait toch zo vroeg,"
zei ze zacht in de kroeg,
"en een kip houdt meer van gekakel."'

'Een oude ezel in Oud-Oostende,
had een zoon die alles kende.
Op een bord had hij gekalkt:
"Wij zijn uitgebalkt.
Nu gaan we samen naar Balkenende."'

René luistert aandachtig. 'Welke delen van de dag of nacht inspireren jou?' vraagt hij haar.

''s Nachts. Dan lig ik wakker en denk aan plaatsnamen, want daar moet je wat van maken.'

Met bevende hand peuzelt René het ijs van zijn schoteltje. 'Pas op, niet knoeien!' waarschuwt Marijke.

'Anders krijg je een hond voor je verjaardag,' zegt René droog. 'Probleem opgelost.'

Marijke gooit er nog eens een limerick tegenaan:

'Er was eens een boer in Sint Anteunis,
die zei tegen zijn vrouw: "Kom Rietje, leun es."
Maar zijn vrouw zei: "Johán,
Ik weet niet of ik dat kan.
En nou vraag je me ook nog: kom, kreun es!"'

Ook René krijgt nu de smaak te pakken. Met een notitieblokje gaat hij aan tafel zitten en begint te schrijven. Een halfuur later heeft hij drie kantjes vol.

'St. Pieter een dorp in het zuiden
Wil eindelijk de klok eens laten luiden'

En dit acht maal, met als variant:

'Maastricht, mooie stad in het zuiden
Wil nu eindelijk de klok eens laten luiden'

Als ik een blik over zijn schouder werp, zegt hij zacht: 'Maak jij het maar af.'

Marijke houdt zijn hand vast. 'De herinneringen liggen op de bodem van je geheugen, we halen ze weer omhoog,' zegt ze bemoedigend. 'Weet je nog hoe we elkaar hebben leren kennen? Ik woonde in Gendt en werkte als secretaresse in het gebouw van het Gemeenschappelijk Instituut voor Toegepaste Psychologie aan de Berg en Dalseweg. Jij woonde in Nijmegen en werkte in hetzelfde gebouw, als hoofdassistent van professor Gielen, die later minister werd, en professor Strasser en Calon. Weet je nog?'

'Ja.' Het komt er niet overtuigend uit.

'Jij begeleidde studenten en gaf les pedagogiek in een schriftelijk studiecentrum te Culemborg. Daar was je ook gecommitteerde.'

'O.'

'Je was een sexy man. Ik was meteen verliefd. Ik viel op je mooie harige sexy armen. Jij noemde het "apenarmen". Je was intelligent, bescheiden, schuchter en introvert. Ik dacht: "Ik zal deze man ontdooien." Vooral je bescheidenheid trok me aan. En je eenvoud: je gaf niets om uiterlijk vertoon en decorum. Je zei: "Hoe groter de kroonluchter, hoe kleiner de boekenkast."'

'Ja?'

'We verhuisden naar Leiden waar je hoofdassistent werd van professor Chorus die vroeg of je lector wilde worden.'

'O.'

'Maar je wilde niet in het team werken.'

'Nee?'

'We verhuisden naar Haarlem waar je als schoolpsycholoog vanuit een kantoor in het Kenaupark werkte. Weet je nog?'

'Eh...'

'We verhuisden naar Brabant, want je vond de mensen in het westen niet aardig. Je kwam in dienst van het OCGH in Helmond.'

René: 'Zeg dat nog eens?'

'Het OCGH, Onderwijskundig Centrum Gewest Helmond.'

'O.'

'Weet je nog wie Edmée is?'

Hij zwijgt. Edmée is hun jongste dochter die aan leukemie stierf. 'Edmée is dood,' zegt Marijke verdrietig.

Geen reactie. Opeens zegt René: 'Je kunt mooie versjes maken.'

'Ik heb liedjes gemaakt bij de vijfentwintigjarige bruiloft van je ouders. Liedjes voor de Enci-kliek.'

'Ja?'

'Jouw vader wandelde regelmatig met onze kinderen op de Sint Pietersberg.'

'Ja?'

'Ken je het woord "opportunist" nog?' probeert ze.

'Fortunist?'

'Weet je nog, Vincent Grummer, tante Nel. Tante Marie,' gaat ze onverstoorbaar verder.

René: 'Die ken ik!' Hij lacht.

Marijke: 'Ken je Rolduc nog?'

Hij veert op: 'De kostschool!' Rolduc: oud-kostschool en grootseminarie in Kerkrade, de priesteropleiding van het bisdom Roermond. Daar doorliep René gedurende vijf jaar het gymnasium.

Marijke: 'Je noemde je tijd op Rolduc verloren jaren. Het strakke en harteloze regime van de paters. Je moest er in rijen achter elkaar door de gangen lopen, om "ongewenste vriendschappen" te voorkomen. Maar de paters hadden wel ongewenste intimiteiten met sommige studenten, zei je bitter. De dwang van de kerkgang. Het enige voordeel van die missen was de muziek. Je leerde er de Mattheüs Passion kennen. En je was op slag verkocht.'

Zijn gezicht betrekt. Hij zegt: 'Het was niet leuk op Rolduc.' Ander onderwerp.

Terug in Koepelhof nemen we de lift naar de derde verdieping. 'Ik krijg zowaar een thuiskomgevoel,' zegt René als hij de lift uitstapt. 'De achteruitgang van mijn geheugen is stabiel. Als het zo blijft, is het goed.'

De afdelingsmanager klampt me aan. 'Ik heb nog nooit meegemaakt dat een patiënt op deze afdeling vooruitgaat,' zegt ze. 'Maar uw vader gaat met sprongen vooruit.' Hoelang nog?

René zakt vermoeid in zijn stoel. Zijn blik valt op de cassetterecorder die onze gesprekjes opneemt. Hij vraagt: 'Kun je er een briefje opplakken met de naam van dat ding?' Zijn ogen vallen dicht. 'Ik had een opa die een hand wilde hebben,' mompelt René. 'Hij begon ineens te bidden. Ik ben toen ook met bidden begonnen – wees gegroet – en toen werd hij rustig. Ik ging naar een andere kamer om te vertellen dat hij dood was. Ik noemde hem opa, maar het was de vader van Marijke.'

Soms valt hij ten prooi aan verwarde buien. Zo ook vandaag. Hij kijkt verbaasd rond en vraagt: 'Zijn we doorgestuurd of mochten we gebruikmaken van deze ruimte?'

'Het is jouw kamer.'

René: 'Dat lijkt me sterk.' Hij komt overeind, stapt naar zijn bureau, buigt voorover en pakt uit de stapel een boek over Alzheimer. 'Wat ik ervan lees is niet bar geruststellend,' zegt hij. 'Aan de andere kant, deze ziekte is persoonsgebonden. Bij elk mens kan het anders verlopen.' Hij wijst naar de stapel boeken en zegt: 'Deze zijn bestemd voor de bouw van nieuwe boeken. Ze verwachten dat ik betere schrijf.'

Halftwee 's middags. René heeft op de noodknop gedrukt, mijn mobieltje rinkelt. 'Kun je zo snel mogelijk komen?' Hoezo? 'We moeten een badkamer kopen.'

'Een badkamer?'

'Precies.'

'Waarvoor?'

'Voor de was.'

'Je was wordt gehaald en gebracht.'

'Nee, ík moet gewassen worden.'

'Jij, gewassen?'

'Ja. Morgen gaan we naar de dokter. Weet je dat niet meer?' Klopt. René heeft pijn aan zijn voet en morgen zal de huisarts ernaar kijken. 'Dan moet ik dus gewassen zijn. Maar in dit ziekenhuis is geen bad te bekennen.'

'Prima, ik neem een badkamer voor je mee.'

Nog geen uur later lijkt René het badgebeuren alweer vergeten. Hij propt een snee brood met jam in zijn mond. 'Ik ben aan de snoeperijen,' erkent hij. 'Om te compenseren wat ik niet meer kan.'

Er valt een klodder jam op de grond. Hij lacht en zegt: 'Ik ben niet gevoelig voor vuil.'

‘Wie ruimt het dan op?’

‘Er zijn genoeg vrouwen die achter het vuil aan willen lopen.’

‘Heb je weleens een stofzuiger gehanteerd?’

‘Vroeger wel. Als je getrouwd bent, werk je met van die fijne stofzuigertjes. Dan heb je die *geraffiniteit*…’ Nieuwsgierig kijkt hij toe hoe ik koffie maak met behulp van een waterkoker. ‘Hoe werkt dat apparaat?’

‘Je doet er water in en drukt op de blauwe knop. Dan gaat het water koken.’

René: ‘Dus je drukt op de giro?’

‘Nee, op die blauwe plek… Jezus, Alzheimer is besmettelijk.’

De volgende dag wachten we in de entree van Koepelhof op het ouderenbusje. René gaat op stap. ‘Waarheen ook alweer?’

‘Naar Margraten.’

‘Is daar een congres?’

‘Nee, wij wonen daar. Tijdelijk.’

‘Wij? Wie zijn wij?’

‘Cees en ik.’

‘Cees en jij. Dan moet je dat ook zéggen.’ René onderwijst me in het communiceren met de gedesoriënteerde medemens.

In het vakantiehuis houdt hij liever zijn schoenen aan. ‘Ik ben namelijk een schoenenvergeter.’

‘Wil je een broodje of liever een wafel?’ vraag ik hem.

‘Van ieder de helft. Dan zit ik safe.’ Hij neemt een hap en vraagt: ‘Waar is Cees?’

Ik gebaar naar de keuken waar Cees koffie aan het zetten is.

‘Ik zie alleen een wuivende arm. Wat moet ik daarmee?’ zegt mijn docent dementietaal streng.

Hij wijst naar het smalle raam. ‘Waarom zitten wij hier,

zonder door het raam naar het schoons te kijken?' Alzheimerspraak voor: laten we van het uitzicht genieten.

Onder de Carmen Suite valt hij in slaap. Of toch niet? 'Bis bis!' roept hij en doet zijn ogen open. Waar is hij? En met wie? 'Eén, twee, drie,' telt hij hardop. 'We zijn met z'n drieën. Klopt dat?'

Of de muziek hem bevalt? 'Die is zó indrukwekkend dat je 'm niet hoort.' Hij bedoelt: mag het een tikje harder?

'Moeten we niet dobbelen of het raampje open moet, of juist dicht en dan is het behaaglijk warm?' Oftewel: mag het raam alsjeblieft dicht? Nóg een vraag: 'Wat is de volgende etappe van onze bezigheid?'

Cees: 'Lekker eten.'

'Wat voor eten?'

'Dat wil ik niet verraden.'

'Doe het dan maar onverraden.'

Al is René een dagje uit, hij blijft trainen: 'Hoe zit het ook alweer met kaarten? Aas, koning, koningin, boer, 10, 9, 8, 7, 6, 5, 4,' somt hij op. Dan, vrolijk: '*Maman, un tartin!* Mama, mag ik een boterham?' En hij licht toe: 'M'n eerste woordjes Frans. Ik denk dat ik die boterham wel heb gekregen. Zo'n type was ik. Ik bleef net zo lang in het gras liggen tot ik kreeg waar ik om vroeg.' Hij sukkelt in slaap. Schrikt wakker en zegt: 'Wie vroeg daar net om een tartin?'

We gaan buiten zitten. René oogt als een gelukkig man. 'Zullen we 't hebben over de positie van mannen en vrouwen?' stelt hij voor. 'Onderzoek toont aan dat probleemoplossend denken niet afhankelijk is van vrouwen of mannen en...' Tekst kwijt.

'Werken in het kader van de hele school, dat wil zeggen...'

'Ze maken conceptuele fouten, waarmee bedoeld...'

'Zo kun je tot de conclusie komen dat een bepaalde methode...'

Opgetogen: 'Je kunt op deze wereld nog zó veel goeds doen. We zouden de families moeten aanschrijven: laat de vrouwen onmiddellijk komen! Er is wat groots te verrichten... stop met koffiedrinken en feestjes bezoeken.' En natuurlijk heeft hij zin in ijs.

Er staat een bordje voor zijn neus. Maar zijn blik valt op een stuk keukenpapier. Prima bord, toch? Hij schept het ijs op het papier. Pakt een nieuw stuk van de keukenrol. Een zakdoek! Hij rolt het langzaam op en stopt het in zijn mouw.

Tegen de avond gaan we met het ouderenbusje terug naar Maastricht. De chauffeur kiest voor de mooie route. René geniet. 'Alsof je 't voor het eerst ziet, zo mooi,' zegt hij. 'Moeten we niet applaudisseren?' Ademloos staart hij uit het raam. 'Vroeger ging ik niet naar de bossen. Als ik iets over een bos wilde weten, ging ik naar de bibliotheek. Dom, dom, dom. Ik had moeten wandelen.'

April. Zijn kamer is een puinhoop. René heeft een pot jam geopend – niet door het deksel los te draaien, maar door er met een vork op te rammen. Er gaapt een flink gat. Het aanrecht zit onder de klodders. In de wasmand liggen appelschillen. Er steekt een stuk peperkoek uit een koffiekopje. Het toilet is niet doorgetrokken. In zijn kussensloop zitten een pen, zakdoekjes en een kapotte koffiemok. 'Handige knapzak. Er kan lekker veel in,' is zijn commentaar. 'Hoe laat vertrekt onze trein?'

O, heb ik het niet begrépen? René: 'We hebben de huur toch opgezegd?' En hij vervolgt: 'Ik ben een beetje moe. Ik was namelijk net bij de eetafdeling. Het was lekker, maar voor de gezelligheid moet je het niet doen. Het is allemaal op z'n Tilburgs: ze hebben van communicatie onvoldoende kaas gegeten en snauwen een beetje. Maar op dit moment hebben zij geen ander vocabulaire. Het waren volgens mij best goede mensen.'

'Gaat het verder goed met je?' vraag ik hem.

Hij: 'Wat bedoel je met je?'

'Jij. Jij zelf.'

'O, ík.' Hij fronst zijn wenkbrauwen. 'En wat is er dan met mij c.q. jou?'

'Of het goed met jou gaat,' herhaal ik.

'Met mij of jou?'

'Met jou.'

René: 'O, met jóú dus.' Hij zucht. 'Jij of ik, wie is wie?' De werkloze behandelaar is in zwaar weer beland. Hij wordt een superanalfabeet. Het 'vuiltje' in zijn taalvermogen groeit uit tot een tsunami die zijn complete woordenschat dreigt te verwoesten. 'Angstaanjagend als je niet duidelijk kunt maken wat je nodig hebt,' zegt hij. 'Ik weet wat ik wil zeggen, maar ik kan er moeilijk *overkomen*.' Nu komt het aan op creativiteit. René: 'Waar zit je tegenwoordig met je benen?' Hij verduidelijkt: 'Waar zijn je benen het merendeel van de dag?' Hij wil weten waar ik woon, maar zelfs zo'n simpel woord kan hem ontglippen.

Heeft hij zin om boodschappen te gaan doen? 'Ja, natúúrlijk.' Het is een van zijn favoriete activiteiten. In de supermarkt heeft hij het gevoel dat hij weer meetelt. Hij loopt, net als nog maar een halfjaar geleden, met een winkelmandje tussen de 'normale' mensen.

Jas aan, pet op, boodschappentas mee. Als we naar buiten lopen, gluurt hij naar het folderrek. 'Even kijken naar de pannenlikker. Pannenlikker? Nee, zo heet dat niet,' mompelt hij. 'Folderlikker?'

Het miezert. Hij noemt het een 'houdbare drupregen'. We wachten voor een stoplicht. René: 'Mag ik wat vragen? Wat voor dag is het vandaag?'

'Zaterdag.'

Hij grinnikt. 'Ik hoor nu pas dat het zaterdag is. Ik vier de hele week zaterdag.'

‘Gaat het goed met je werk?’ vraag ik op mijn beurt.

René, sip: ‘Ik heb op dit moment geen werk. Ik moet eerst goedgekeurd worden.’

‘Goedgekeurd, waarvoor?’

‘Voor mijn oude werk.’

‘Wat deed je voor werk?’ informeer ik verder.

Hij kijkt me verbijsterd aan. ‘Hoe kun je dat nu vergéten? Ik zat in het school-streep-advies-streep-begeleidingswerk-streep.’

René loopt niet meer zo kwiek als een tijdje terug. Hij dreigt almaar te struikelen. Rept over ‘extreme pijn in mijn teen’ en een ‘*buiten-extreme* moeheid’. Hij houdt stil voor een winkelpui. Doorzoekt zijn broekzak. Pakt zijn portefeuille en zegt: ‘Vroeger deed ik mijn beurs open en wist meteen wat erin zat. Nu is dat vermogen weg. Ik weet niet meer welk geld hoeveel waard is. Of iets veel of weinig is. Dat moet ik helaas constateren. Ik ken de ervaring van één, twee en drie niet meer.’ Hij kan niet meer rekenen.

Hij toont me zijn visitekaartje. ‘Is dit nog geldig? Zullen we daarmee eens bij de Brabantse bank langsgaan? Andere bronnen van geld heb ik niet meer. Ik kan me verschuilen achter het feit dat ik ouder ben en ook met de invoering van de euro kom ik nog weg. Het leven is de laatste tijd ingewikkeld geworden. Mijn concentratie is op,’ vertrouwt hij me struikelend toe. ‘Het is moeilijk om iets te snappen en te onthouden. Komt het ooit nog goed?’

René belt me met een nieuwtje: ‘Ik heb twee beroertes gehad.’ Als ik een paar uur later binnenkom, zit hij te dutten in zijn stoel. Hij schrikt wakker en zegt: ‘Ik ben een uiltje aan het knappen.’

‘Heb ik je wakker gemaakt?’

'Ach, een uiltje maak je snel wakker.'

Opnieuw begint René over die twee beroertes. 'Dat verklaart misschien mijn vreemd gedrag,' zegt hij. 'Er zijn heel veel dingen die ik niet meer kan, en dat komt door die beroertes.' Is hij geschrokken? Welnee, zegt hij: 'Ik ben omringd door neurologen. Alleen de dokter is zoek.'

De toon in het zorgdossier wordt somber: 'De heer weet echt niet meer wat hij doet en waar hij is.' 'Ik moet hier constant op m'n qui-vive zijn,' zegt René in het 'universiteitsrestaurant' van Koepelhof waar we op een ochtend koffiedrinken. Met trillende hand brengt hij het kopje naar zijn mond. Hij heeft slecht nieuws: 'Ze hebben mijn computer gestolen en m'n dossiers meegenomen. Ik vrees dat ik aangifte moet doen.' Hij zet het kopje naast het schoteltje neer en vervolgt: 'Je ziet dingen gebeuren die niet zouden mogen. Als mijn verstand mee zou helpen, had ik het kunnen vertellen.'

Hij staart in de verte. Er volgt een onheilspellende mededeling: 'Mijn systeem raakt ontwricht. Ik kan niet langer voor mijzelf instaan.' Als ik doorvraag, zegt hij: 'Vorige week, en de week ervoor, zijn de betekenissen veranderd, maar de formuleringen zijn hetzelfde gebleven. Ik heb een keerzijde in mijn hoofd ontdekt. Alsof ik niet goed wijs ben.'

's Avonds belt hij me op. 'Hallo dochter, met je zoon.' Zijn stem trilt. 'Er stonden onbekenden in de kamer. Wat moet ik doen? Ik... het lijkt... er moet... politie?'

'Zeg het maar,' moedig ik hem aan.

'Zeggen?' Hij slaakt een kreet. 'Dat kán ik juist niet meer.'

René weet het zeker: hij heeft met inbrekers van doen gehad. Die avond noteert hij: 'Middel tegen doodsangst'.

De volgende dag wordt in zijn zorgdossier genoteerd:

'De heer svp helpen met brood smeren. De heer begrijpt dit niet meer.' Die dag schijnt de zon en zit René in zijn kamer te zweten. De ramen zijn dicht, de verwarming is aan. 'Er zit weinig beweging in de lucht,' zegt René. 'Weet jij hoe ik het hier *bekoelerd* kan krijgen?'

Ik gooi de ramen open, zet de verwarming uit en vraag: 'Zin in een huzarenslaatje?'

'Bedoel je zo'n klein schuitje? Graag.' De tien slaatjes die gisteren nog in zijn ijskast lagen, zijn op. Eten is zijn troost.

Her en der liggen sokken en pantoffels. De bureaustoel is voor het aanrecht geschoven. René: 'Ja, het is een zootje. Dat komt natuurlijk ook omdat ik hier in mijn eentje sta. Ik kan niet zomaar bij iemand aankloppen en zeggen: "Neem jij het maar over." Er is niemand die me vertelt: "Je moet daar en daar naartoe".'

Aan de muur hangt een kalender met zijn afspraken erop. Het helpt niet echt. René noemt het 'echte *geheugenprekels*'. Hij somt op: 'Je moet die halen en die komt dan, en jullie gaan dan en daarna, enzovoort. Dat kun je alleen als je met zijn tweeën bent.'

Hoe kan ik hem helpen? Hij denkt na. 'Ik zou het liefst een collega willen die voor het eten zorgt,' zegt hij.

'Maar je krijgt hier drie maaltijden per dag.'

'Drie? Dat vergeet ik consequent en constant. Idioot!'

Hij maakt een zorgelijke indruk. 'Ergens in mijn huis zit een wachtende patiënt opgeborgen.' Hij weet niet waar, maar het gaat om een vrouw en het is tegen zijn zin gebeurd. 'Het was niet zo van: ga maar zitten, hier is een velletje kladpapier en laat de goede invallen maar rollen.'

'Kan ik die patiënt zien?' vraag ik hem.

'Hoogstwaarschijnlijk wel. Maar misschien heeft iemand van de club hier al een afspraak met haar. Van deze mensen kun je niet op aan. Zij sluiten het boek aan de lopende band. Het kan best zijn dat ze hier ligt te schaterlachen, of met respect zit te luisteren en mee discussieert.' Maar de verstopte patiënt komt niet tevoorschijn. René: 'Ik vermoed dat ze naar het winkeltje is, sigaretten halen.'

Hij denkt wel vaker dat er iemand in zijn kamer is. Onlangs meende hij zeker te weten dat er een baby onder het aanrecht lag. Hij liep ernaartoe, pakte het gordijntje onder het aanrecht vast en bevoelde de plooien. 'Nee, geen baby'tje. Ik heb het mij verbeeld,' zei hij verbaasd.

René heeft ook goed nieuws. 'Er is minder geloop 's avonds en 's nachts,' zegt hij opgelucht. Hij slaapwandelt niet meer. 'Ik wandelde 's nachts weleens in en over het bed,' licht hij toe. 'Soms liep ik 's nachts slapend door de stad. Altijd naar de V&D. Die is natuurlijk dicht. Op de een of andere manier kom ik toch binnen. Natuurlijk blijf ik overal vanaf, anders heb je de poppen aan het *walsen*.'

René drinkt het kopje koffie snel leeg en zet het met een klap op tafel. 'Op!' Hij staart door het raam en zegt: 'Ik ben opgewekt, maar sta ook altijd op het punt om te ontploffen.' In één adem: 'Hoe kan ik je ervan overtuigen dat je niets meer moet uitstellen? Beschouw het leven als één grote uitstelfunctie. Wat je ook doet, het is altijd een kwestie van: stel ik het uit of kom ik in actie.'

Hij gaat op bed liggen en steekt zijn armen met ineengeschoven handen in de lucht. 'Hééřlijk.'

'Waar ben je, pap?'

'Bij het loketje.'

Hij staat op, legt zijn hand op mijn schouder, en zegt: 'Dus dáár haal jij je energie vandaan. Ik voel het kloppen. Geef mij ook zo'n jong hart.'

De laatste zaterdag in april belt vriendin Maud. Rond tien uur in de ochtend ging zij bij René op bezoek. 'Ik trof hem ontredderd aan. De gordijnen waren nog dicht,' zegt Maud. 'Hij zat met ontbloot bovenlijf op zijn stoel te rillen van de kou. Hij had nog niet ontbeten.'

Wat blijkt? Zijn zorgcoördinator moest hem die ochtend verzorgen. Maar René sputterde tegen: hij kan zich prima zelf aankleden. 'Dan moet u het zelf maar weten.' En weg was de zorgman.

Sindsdien vertrouwt René zijn zorgman niet meer. Al weet hij niet meer precies wat zich heeft afgespeeld, het voelt niet oké. 'Die lange, daar moet je voor uitkijken. Hij heeft het op mijn geld voorzien,' vertrouwt hij me toe.

Op een ochtend staat die lange weer in zijn kamer. 'Goedemorgen meneer Van Neer, gaan wij samen douchen?'

Met kloppend hart en zijn portemonnee in de hand stapt René de badkamer in. 'Legt u uw beurs even weg?' vraagt de lange man. Zijn beurs? Het laatste wat hij nog heeft? Zie je wel dat die kerel op zijn geld uit is. René weigert.

'Maar meneer Van Neer, straks wordt-ie nat.'

René: 'Laat me met rust. Dáár is de deur.'

'Gaat u nou gewoon onder de douche.'

Maar René is niet te vermurwen. Zijn verzorgende is in een zinloze discussie beland. Hij haalt er een collega bij. Een 'handlangster'. Twee tegen één, hij kan geen kant meer op. 'Wegwezen!' René bukt, grijpt een rekje dat naast de wastafel staat en werpt dat in de richting van zijn belagers.

Een halfuur erna treft Cees hem trillend aan, terwijl in zijn zorgdossier wordt genoteerd: 'De heer reageerde nogal agressief bij de verzorging'.

Een paar dagen later is René nóg bezig met de 'badkamerroof'. Hij heeft een sterke behoefte om erover te praten. 'Er kwam iemand binnen en die ging maar staan kijken. Hij loerde naar mijn portefeuille. Er was onenigheid en er werd gevochten. Het gebeurde hier ergens. De ene hield de andere vast en er werd aan elkaar getrokken... ik had de indruk dat ik even iets beleefde, heel sterk... dat ik met handen en voeten... servies zal ik maar zeggen.'

'Dat je iets gooide?'

'Dat ik iets van me heb afgestoten.' Het rekje dat hij naar zijn 'belagers' wierp? In zijn beleving is hij zelfs gevallen. 'Ze wilden niet zeggen waarom ik daar lag. Maar ze bleven allemaal staan.'

Hij noemt het een 'angstwekkende' ervaring. 'Ik heb naar een verklaring lopen zoeken, zodat ik beter zou kunnen begrijpen wat er is gebeurd. Het was zo raar, zo zonder basis. Een nare droom. Zou de engelentheorie aanknopingspunten bieden?'

Is het echt gebeurd of niet? Heeft hij de badkamerroof gedroomd? Hij zou het niet weten. 'Lange tijd was het echt.' Maar nu beginnen droom en werkelijkheid in elkaar over te lopen en vraagt René zich af of het de moeite loont om te kijken 'of de *droomheid* klopt met de werkelijkheid. Het lijkt wel alsof ik constant aan het dromen ben. Dat is lastig, omdat ik niet meer weet wat echt gebeurd is.' Over dit vraagstuk zit hij vaak te peinzen. 'Een droom is ook een stukje werkelijkheid,' zegt hij. 'Zo botsen dus twee werkelijkheden op elkaar.'

Er zijn meer mysterieuze verschijnselen. Soms heeft René het idee dat er een 'vreemde instantie' bij zijn verblijf is betrokken. Of dat iemand door een gaatje in zijn deur naar binnen gluurt. Maar: 'Ik heb altijd geleerd dat je met psychoten moeilijk kunt communiceren. Nu ik het zelf ben, blijkt dat reuze mee te vallen,' zegt hij opgewekt.

René moet dringend naar het toilet. Hij loopt door de gang en opeens ziet hij 'm staan: een urinoir! Net op tijd. Opgelucht doet hij een plas. Maar het komt hem op een MIC'je, een incidentenvermelding, te staan. 'De heer urineerde op de gang in een hoekje. Vond dit een gewone normale zaak.'

Kort daarop treft een verzorgende hem licht gehavend aan. Er zit een wond op zijn voorhoofd. Wat is er gebeurd? René: '*Iech dink dat iech oet bèd bin gevalle.*'

'*Zal 'ch d'r 'n plaoster op doen?*'

'*Nein, daanke.*' René vertrouwt niemand in het 'koekenhol'. Hij zal zelf wel een pleister regelen. Hij klopt aan bij de buurvrouw, maar zij kan hem niet helpen. Intussen zoekt de verzorgende 'het halve huis af' naar een pleister, en haast zich terug naar zijn kamer.

De indringster lijkt uit het niets te verschijnen. René schrikt. '*Wat komp geer doen?*' vraagt hij de onbekende vrouw.

''n Plaoster bringe.'

De zoveelste truc om een bejaarde te beroven? René verstijft van angst en begint te schelden: '*Maak dat de kat wies, mooswief!*'

De verzorgende vlucht de gang op. Wéér een MIC'je erbij en niet de enige die dag. Zijn kamer 'was een zooi, het pedaalemmertje was leeggemaakt op de grond.' 'Dat heb ik niet gedaan,' verdedigt René zich als hij op de troep wordt aangesproken. Hij kan zich er niets van herinneren en voelt zich gekwetst: hoe vaak wordt hij wel niet onterecht beschuldigd door de 'club'? René: 'Als ik zeg dat het niet waar is, geloven ze mij niet.'

Het regent MIC'jes. Zelfs als René een pak koffiemelk aanziet voor een glas melk en eruit begint te drinken, volgt een aantekening.

Als ik op een ochtend binnenkom, stapt een bewoonster op me af. 'Uw vader heeft de zusters uitgescholden voor stinkdier,' zegt de oude dame.

Niet alleen René dreigt in een crisis te komen, zijn verzorgenden lijken ook weinig ontspannen. 'In je eentje twaalf mensen uit bed halen, wassen, aankleden en zorgen dat ze op tijd aan het ontbijt zitten,' vertrouwt een van hen mij toe. 'Terwijl uitgerekend deze mensen niet tegen haast kunnen.' Haar collega: 'Er is er al eentje uit het raam gesprongen. Een depressieve man. Hij sprong van de derde verdieping. Zo'n plas bloed! Hij heeft nog een halfuur geleefd.'

'Er is een incident met uw vader geweest. Hij werd agressief en heeft mevrouw C. geslagen,' zegt de verzorgende die vroeg in de avond belt.

Ik draai direct zijn nummer.

'Ik dacht al dat jij het was,' zegt René met overslaande stem. Ze zeiden: "We gaan uw dochter bellen."'

'Wat is er dan gebeurd?'

Hij struikelt over zijn woorden: 'Ik ben helemaal geen vechter, ik kan alleen maar terugslaan. Als ik word aangevallen, mag ik me toch verdédigen?'

'Werd je aangevallen?'

'Engel, je moest eens wéten... het is een wonder dat ik nog leef. Maar wat zit ik te klagen? Ik heb het nog altijd beter getroffen dan anderen in de wereld.'

Het duurt niet lang of René zorgt voor een nieuw spektakel. Het gebeurt bij het ontbijt. Enkele dames staan keurig te wachten bij de broodkar. René dringt voor.

'*G'r moot op 'r beurt wachte*,' zegt de jonge vrouw die het brood uitdeelt.

'*'ch Höb toch betaold veur dat ete?*' Dát heeft René van mijn preken onthouden: in zijn verblijf zitten de maaltijden inbegrepen. Hij hoeft ze niet af te rekenen.

'Jao, g'r höb betaold. Meh g'r moot eur beurt aofwachte.'

Dat is de druppel. René ís al zo getergd. Zijn dagelijkse leven bestaat uit een aaneenschakeling van frustraties. Uren zoeken naar het toilet. Tegengewerkt worden als hij boodschappen wil doen. Niet alleen naar buiten mogen. De administratie die verborgen wordt gehouden. Zijn onduidelijke woonsituatie: waarschijnlijk is hij in handen van een bende gevallen. De giroafschriften die hij niet meer begrijpt: hij is vast failliet. De collega's die hem negeren. De werkgroepen die hem uitputten. De buurman die hem bruut tegen de grond heeft geslagen, nota bene in zijn eigen kamer. De talloze pogingen tot inbraak. De badkamerroof waaraan hij ternauwernood is ontsnapt. De tv die hij niet meer kan bedienen. Hij kan niet eens meer koffiezetten. En dan die zeurende pijn in zijn teen en voet.

Op z'n beurt wachten? Daar trapt René niet meer in. Zul je zien, is hij aan de beurt, is het eten op. Hij hapt naar adem, graait in de kar, grijpt een zak brood, scheurt die doormidden en stevent naar de vensterbank. Páts! Daar gaat een bloempot, recht tegen een kast en vergezeld van een fikse stroom verwensingen.

René: 'Ach, ik heb me eindelijk eens kunnen uiten. Hopelijk hebben ze begrepen dat er grenzen zijn, ook voor mij. Vergeet niet dat ik mijn vak moet verdedigen. Het is Tilburg, zeg ik maar, er is heel weinig communicatie.'

7

DRUPPELKAMIKAZE

'Ik, agressief?'

Mijn vader kijkt me verbijsterd aan. 'Hoe kom je daar nou bij? Ik ben hooguit geïrriteerd. Wat wil je als je collega's je negeren. Niemand vraagt mijn mening. Maar ja, in mijn wereldje laat collega a zich niet graag op de vingers kijken door collega b.'

Er is goed nieuws: het onaangepaste gedrag van René is met het juiste medicijn weer in het gareel te krijgen, zeggen zijn verzorgenden. Deze medicijnen heten antipsychotica, ontwikkeld voor mensen met psychoses zoals bijvoorbeeld bij schizofrenie, om hallucinaties en wanen te bestrijden. Het gerucht gaat dat ook onrustige, agressieve of angstige ouderen met dementie er heerlijk rustig van worden.

René lijkt rijp voor het wondermiddel. We gaan op consult bij zijn huisarts. Die gaat akkoord, al heeft hij zijn bedenkingen. Hij noemt die medicijnen een zwaktebod: 'Het zou beter zijn als het personeel met zulk gedrag leert om te gaan.'

René begint aan een nieuwe episode in zijn bestaan. Dankzij de wonderdruppels – hij krijgt het antipsychoticum Risperdal dat gedruppeld wordt in water of koffie – zal hij weer kunnen ontspannen.

Op zijn tweede druppeldag treft zijn privébegeleidster Lieke (extra zorg die René zelf betaalt) hem in opperste verwarring aan. René spreekt haar consequent aan met 'jullie'. 'Gaan jullie mee naar Brussel?' stelt hij voor. Zonder het antwoord af te wachten pakt hij twee jassen en zijn pet van de kapstok. Intussen praat hij honderduit. 'Die Brusselaren weten als geen ander hoe je zonder kleerscheuren door het leven komt. Je mag er zelfs hardop snoepjes eten.'

Lieke probeert hem af te leiden. 'Zal ik de tv aanzetten?'

'Prima. Is er een zender met Brusselse volksmuziek? Uit welk deel van België komen jullie eigenlijk?'

'Ik ben geen Belg,' antwoordt ze.

'Wat doen jullie dan hier. Geef eerlijk antwoord.'

'Ik kom u vergezellen.'

'O... willen jullie soms een appeltje?'

De volgende dag spreekt zijn zorgcoördinator me aan: 'Je vader was weer lastig. Hij wilde zijn schoenen niet aan.' Geen wonder, zijn rechtervoet is gezwollen. Vocht. Die voet moet gezwachteld worden. Er gaan dagen voorbij, maar het gebeurt niet. 'Je vader laat zich tóch niet verzorgen,' licht hij toe.

Dan verschijnt er een Vlaamse verpleegkundige op de afdeling. Zij kijkt bezorgd naar de dikke voet. 'Daar moet wat aan gebeuren. Wie is zijn huisarts?' Ze grijpt de telefoon. 'Ik moet zijn voet meteen zwachtelen.' En ze gaat aan de slag. René schudt haar hand en zegt: 'Ik ben u zeer erkentelijk voor deze onverwachte bijdrage.'

Amper heeft René zijn eerste druppeldagen achter de rug, of ik word uitgenodigd voor een spoedoverleg met de afdelingsmanager en verpleeghuisarts. Ze zien nog geen resultaat. René is niét te corrigeren, niét voor rede vatbaar. En de dosis Risperdal is aan de lage kant. Daarom moet die dosis onmiddellijk worden verhoogd.

Mag dat zomaar? Ik bel de 'Risperdal-servicelijn'. 'Wát zegt u?' De servicemedewerker van de farmaceut klinkt verbaasd. 'Zó snel? Dat slaat nergens op. Je moet minstens een week wachten of het beoogde effect zich voordoet. Hoeveel krijgt hij nou?'

Ik lees voor uit het zorgdossier: 'De heer krijgt tweemaal daags 8 (cc) en 17 (cc), 0,25 ml. Zie optrekspuit. In de koffie of thee.'

'Niet in de thee!' roept de voorlichter. 'In thee werkt dit middel niet. Dat staat duidelijk in de bijsluiter.'

De volgende dag hangt de afdelingsmanager weer aan de lijn. 'Het is helemaal mis met je vader,' deelt ze mee. 'Hij heeft een pot koffie naar iemand gegooid. Nu loopt hij rond met zijn hemd open. Hij is onrustig en laat zich niet verzorgen. De keukenhulp werd zó bang dat ik haar heb moeten wegsturen.'

Ik draai meteen zijn nummer. 'Gaat het wel goed?' vraag ik René.

'Heb je soms een Tilburgs telefoontje gehad?' vraagt hij op zijn beurt.

'Niet uit Tilburg,' zeg ik naar waarheid. 'Klopt het dat je met koffie hebt gegooid?'

'Nee hoor, ik heb nog geen koffie gehad. Je weet hoe dat gaat met die Tilburgenaren.'

'Zal ik langskomen?'

'Tja, als pa al schrikt met de vijfentwintig jaren... dat die denkt o god en opa was ook al zo, en hoe moet dat verder?'

De verpleeghuisarts adviseert om ook het antipsychoticum Haldol te verstrekken. René krijgt nu een indrukwekkend rijtje: Risperdal, Haldol en (nog steeds) het antidepressivum Seroxat. (Drie middelen die op het bij ouderen zo kwetsbare centrale zenuwstelsel werken, zie hoofdstuk 12.)

René is geveld. Hij hangt in zijn stoel met één been over de leuning en is in diepe slaap. Heeft hij me geprobeerd te bellen? De hoorn ligt van de haak.

Ik schud hem wakker. René schrikt. 'Moeten we naar de kerk?' Hij komt moeizaam overeind en wankelt op zijn benen. 'Ik ben heus geen dronkenman,' verontschuldigt hij zich. Hij praat met dikke tong en kijkt lodderig uit zijn ogen. 'Slaapt de slaper?' vraagt hij wijzend naar zijn bed.

Met sloten koffie probeer ik hem te wekken. 'Hebben we genoeg kruidenierseten voor de komende weken?' Zijn ogen vallen dicht. 'Op dit moment ben ik niet zo goed in dingen die intelligentie vragen,' mompelt hij en valt weer in slaap.

Hij schrikt wakker. 'Waar is onze kamergenote? Die hier altijd in de hoek zit? Ze heeft zich toch niet opgegeten?' Even later zegt hij: 'Een mooie hond die buiten wandelt, kan tenminste nog genieten van het groen.' En: 'Ik zou eigenlijk bij het gasfornuis moeten zijn, om de lucht te kunnen inademen en te bezuinigen op de vlam.'

'Waar we nu zitten, René, is dit jouw werkkamer?' probeer ik hem bij de tijd te brengen.

'Ja? Wijs het dan eens aan,' zegt hij weifelend.

'Je werk aanwijzen? Ik zie boeken liggen over dementie. Die ben jij aan het lezen.'

De aanblik van de boeken doet hem pijn. Hij wordt er constant aan herinnerd dat hij ze niet meer begrijpt. 'Ik hoef die boeken niet per se zelf in huis,' zegt hij verdrietig. 'Laat staan dat ik ze allemaal zou kunnen lezen. Dat brengt me verder van mijn weg af.'

Zus Mia, broer Frans en schoonzus Lucie brengen hem een bezoekje. Na afloop belt Mia me op. Ze is in alle staten. 'René heeft de hele middag liggen slapen. Ik durf te wedden dat hij niet in de gaten heeft gehad dat wij er waren. We hadden taart bij ons en dat hebben we hem bijna moeten voeren. Ik weet zeker dat ze hem iets kalmerends hebben gegeven. Ik vroeg het aan een zuster, maar zij ontkende dat. Ze zei: "Hij is slaap aan het inhalen, maakt u zich geen zorgen."' Mia barst in snikken uit. 'Het is onze René niet meer. We zijn hem kwijt.'

De volgende ochtend tref ik mijn vader versuft aan. Zijn ogen staan dof en hij spreekt met slissende tong. 'Ik wil met jou nog een keer naar de V&D om piano's en pianostiften te bekijken.'

Hij zegt dat hij gisteren teruggekomen is van een vijfdaags congres te Culemborg. En klaagt over een ondraaglijke pijn in zijn voet. Daar is de zuster al met een pijnstiller. '*Slik 't mer aof mèt dit water.*' Water met Risperdal.

'Was dát even een oplawaai,' zegt René. 'Nu ga ik een kring rond mijn mond trekken voor de bittere smaak.'

Zeven uur 's avonds. René drukt op de noodknop. Hij praat weer met dikke tong. 'Klopt het dat ik vanavond in mijn eentje op deze kamer moet blijven? Moet ik niet naar een ander gebouw?'

Twee uur later hangt hij weer aan de lijn. 'Ik ben een beetje suf. Ik laat het werk, ons boek, voor wat het is, zó lukt het niet. Je moet weten: ik moet het pand verlaten. Ze hebben mij zojuist de wacht aangezegd.'

René heeft flarden van de gesprekjes opgevangen, tussen de verzorgenden en mij, en het personeel onderling. 'Ze' beseffen toch niets meer. Dus kun je alles in hun nabijheid zeggen. René: 'Stel je voor dat ik om drie uur 's nachts op straat word gezet? Waar moet ik dan heen?'

Er is niets meer over van de nieuwsgierige man. Als een vaatdoek hangt hij in zijn stoel, ziek, zwetend en met schokkerige bewegingen. Ik kan maar één conclusie trekken: de gezondheid van mijn vader is in gevaar, misschien zelfs zijn leven. Wegwezen! Maar waar kan hij terecht? Op de gesloten afdeling in Koepelhof, de vijfde verdieping, is hij immers niet welkom.

Hoe komt René zo snel mogelijk in een veilige haven? We kunnen niet om het CIZ heen, de instantie die de AWBZ-zorg moet toewijzen. Ik grijp de telefoon. Begin juni is het zo ver, mevrouw Versteeg van het CIZ zal weer op bezoek komen. De goden zijn ons goedgezind, die ochtend is René opvallend goed bij.

We bereiden het gesprek samen voor. 'Voel je je nog thuis in dit zorgcentrum?' vraag ik mijn vader.

Hij antwoordt: 'Het feit dat ik hier al betrekkelijk lang zit met dezelfde boeken, maakt wel duidelijk dat het hier om te gillen is om weg te gaan. Het vraagstuk is zó dat het én de bezoekende groep én mijzelf beiden *regardeert*.'

'Wat bedoel je?'

'Als ik onzin raaskal, moet je maar denken: het is de dementie,' grinnikt René. Dan, ernstig: 'We hebben helaas met kwakzalvers te maken. Zij halen het *lijk* door ons vak. Als je op de knop drukt, komt het allemaal goed. Zo denken zij.'

Ik loop intussen zoekend rond naar een geschikt plekje voor de microfoon. 'Wat ben je aan het doen?' vraagt hij bezorgd.

'De microfoon van de cassetterecorder verstoppen. We nemen het gesprekje stiekem op.'

'Jíj durft. Ik ben *trotzel* op je. Maar als ze erachter komen, zijn we nog niet jarig.'

Klokslag kwart voor elf verschijnt mevrouw Versteeg.

De zorgcoördinator komt haastig achter haar aan gesneld. 'Hoe oud bent u nou als ik vragen mag?' vraagt de mevrouw.

'Ben ik wát?'

'Hoe oud bent u nu?'

René: 'Dan moet ik altijd zeggen: reken maar uit. Ik ben van '75. Dan hoef ik het niet meer elk jaar bij te stellen.'

'Weet u in welk jaar we nu leven?'

'O nee, daar zijn al zó veel aanbevelingen over gedaan. Dat is een regelrechte uitnodiging om me te vergissen.'

'U was psycholoog als ik me goed herinner. Hoe ziet de dagelijkse wereld er nu voor u uit?'

De vraag is niet concreet genoeg. 'Voor mij hier? Bedoelt u het vergeten en zo?'

'Ik bedoel: wat doet u de hele dag?'

'Mijn voornaamste bezigheid is leven, schrijven en rekenen. Het rekenen wat minder. Dat is het ongeveer.'

'En u leest *de Volkskrant*?'

'Zeker. Waar we op de kleuterschool mee begonnen zijn, daar ben ik nog altijd druk mee.'

Ze neemt een teug van haar koffie en zegt: 'Meneer Van Neer, ik ben van het indicatieorgaan, maar dat hoeft u verder niet te onthouden. Ik kom vandaag omdat voor u een overplaatsing naar een ander tehuis is gevraagd. Dit alles gebeurt in het kader van de wet BOPZ. Daar hebt u misschien van gehoord.'

'Bop-bed?' vraagt René overdonderd.

'De afkorting staat voor Bijzondere Opneming in Psychiatrische Ziekenhuizen.' In deze wet staan de voorwaarden waaronder mensen met een psychische stoornis tegen hun wil kunnen worden opgenomen. Ook hun rechtspositie wordt erin geregeld.

'Helaas, helaas,' verzucht René.

'U weet het niet? Dan had u vroeger waarschijnlijk een ander stukje van de psychologie onder uw hoede.'

'Ja, blijkbaar. Toch verbaast het me dat ik er niet van heb gehoord,' zegt René aangeslagen. Hij loopt hopeloos achter in zijn vakgebied. Je ziet het hem denken.

'Vindt u zelf dat u dementie hebt?'

'Jazeker.'

'Een beetje wel, hè?'

René: 'Nou, behoorlijk hoor.'

'Ja? Is het al behoorlijk? Knap dat u dat zelf kunt zien.'

René: 'Niemand kan eraan ontkomen. Misschien denkt u dat het treurig is dat ik me daaraan niet kan ontworstelen. Maar we moeten ons hoofd verdiepen in de hoeveelheid problemen die ouderen ondervinden met dementie. Dat we zo veel ervaringen kunnen opnoemen van mensen die wanhopig worden, doordat ze de hele dag met hun geheugen worstelen. De gekte is kenmerkend voor mensen die in een wereld leven die elke dag een stapje minder je thuis wordt. Het wordt een belemmering in de maatschappij. Je wordt neergezet als zou je ze niet goed op een rij hebben. Zo zeggen ze dat in Limburg: hij heeft ze niet op z'n rij. Of niet soms?'

Ze knikt wat ongemakkelijk.

'En ons nieuwe boek komt met de boodschap: we hebben er iets op gevonden,' vervolgt hij opgewekt. 'Maar wát, dat ben ik even vergeten.'

'Meneer Van Neer, ik denk dat het belangrijk is om u te concentreren op uw eigen ziekte. U moet aan uzelf denken en niet aan de behoeften van andere mensen met dezelfde ziekte.' Tot mij: 'Bent u al op zoek geweest naar een nieuw tehuis?'

Ik ben me inderdaad gaan oriënteren. Er is een kamer vrij op de gesloten afdeling, de 'PG-unit' in zorgcentrum Molenhof aan de rand van het Stadspark. René kan er meteen terecht. Het gesprek dat ik met de afdelingsmanager voerde, was veelbelovend. Molenhof wil René een goed thuis bieden. De verzorgenden, zo vertelde ze, zijn deskundig op het terrein van dementie. Hij is welkom op een moderne verpleegunit waar de bewoners in hun waarde worden gelaten.

'Heb jij een aanvraagformulier van de arts?' vraagt mevrouw aan de zorgcoördinator. 'Dat zou mij hier worden aangereikt.'

Hij kijkt haar vragend aan.

Zij licht toe: 'Bij overplaatsing naar een verpleeghuis hoort formeel een medisch attest. Dat zou de dokter van hier hebben gemaakt.'

De coördinator loopt haastig de deur uit en komt weer terug. Welk formulier bedoelt ze precies? 'Dat van de screenings?'

Ze schudt haar hoofd. 'Nee, een médisch.'

'Wat ik hier heb, is dat dan niet genoeg?' Hij wappert met een papier.

'Nee. Een échte diagnose.'

'Maar bij ons gaat het altijd via dít formulier.' Hij houdt het nog eens omhoog.

Geïrriteerd: 'Degene die ons gebeld heeft, kondigde aan dat ik het formulier hier persóónlijk aangereikt zou krijgen.'

'Maar wij hebben standaard-aanvraagformulieren zorgvoorzieningen. Stándaard dezélfde voor substitutie en verpleeghuisoverplaatsing.'

'Dat weet ik wel,' zegt ze sussend. 'Maar opname PG heeft juridisch een andere status vanwege die BOPZ. Dus moet je een formeler papier hebben dat door een arts ondertekend is.'

'Maar we zetten er altijd artikel huppeldepup bij,' probeert hij haar te vermurwen.

'Ja, kijk, als je me een kopie zou kunnen bezorgen waar de handtekening van een dokter onder staat...'

Verbeten graait hij in zijn papieren. 'Ik heb hier iets van de verpleeghuisarts,' mompelt hij.

'En daar staat een handtekening onder?'

'Ja.'

'Maak daar dan maar een kopie van.'

René heeft geen benul van de conversatie. Hij is nog bezig met de kwestie van tien minuten geleden. Hoe kan het dat hij nooit heeft gehoord van dat ene woord, die afkorting (BOPZ) die blijkbaar gangbaar is in zijn vakgebied? 'Het is ongelooflijk,' onderbreekt hij het debatje over formulieren. 'Elke tien jaar verandert alles. Je kunt niets meer met stelligheid beweren.'

Mevrouw komt ter zake: 'Meneer Van Neer, bent u akkoord met overplaatsing naar dat andere tehuis, Molenhof?'

René kijkt peinzend voor zich uit. Het belangrijkste is dat hij als behandelaar een geschikte werkplek krijgt, benadrukt hij: 'We moeten een goede groep vormen, met op de achtergrond een subgroep die zich met de theoretische achtergronden bezighoudt. En een bestuur. Hoe is de inspraak er geregeld?'

'U was vroeger de behandelaar, nu bent u patiënt,' licht mevrouw hem voor. 'Eén troost: u hebt een ziekte die vooral intellectuelen treft.'

Wat zegt ze nou? Ik heb het goed verstaan, want zij vervolgt: 'Het is de ziekte van de vermoeide hersenen. Iemand die bijvoorbeeld tegelzetter is geweest, heeft een overbelaste rug. Iemand die heel veel heeft nagedacht in zijn leven, heeft overbelaste hersenen.'

René zegt dat hij best wil verhuizen. 'Ik ben zo vaak verhuisd in mijn leven.' Nu kan ze de indicatie stellen. 'Ik ben van mening dat u zich nog goed bewust bent van uw situatie. Dat betekent dat u vrijwillig wordt opgenomen,' zegt ze. Tot mij: 'Betrokkene toont bereidheid. Zo zeggen wij dat.'

Vrijwillig achter de gesloten deur? Het BOPZ-formulier vermeldt als criteria: 'Er is sprake van consistente en nadrukkelijke bereidheid; cliënt toont inzicht in zijn/haar situatie. De bereidheid wordt bevestigd door de handtekening van de cliënt.'

Handtekening? René is niet eens gevraagd om zijn handtekening te zetten. En dat kan hij ook niet meer. Zijn handtekening ontbreekt op het formulier.

Als ze vertrokken is, slaakt René een diepe zucht. 'Heb ik het goed gedaan?'

Ja, hoe schat mevrouw hem in? Uit haar rapportage: 'De heer Van Neer was tijdens zijn werkzame leven psycholoog. Vindt het daardoor extra moeilijk om noodgedwongen afhankelijkheidsrol van patiënt te accepteren. Heeft diep versluierd façadegedrag t.a.v. ziekte. Ontwijkt alle rechtstreekse vragen met uitgebreide, intellectuele hypothesen over behandeling van Alzheimer. Heeft wel besef over en geeft zelf toe dat hij Alzheimer heeft. Gaat nu wél akkoord met verhuizing naar verpleeghuissetting in tegenstelling tot enkele maanden geleden. Bij die opname baseert hij zich volledig op oordeelsvorming van zijn dochter wat betreft de gekozen locatie.'

We wachten op de afwikkeling van de formaliteiten. Soms schrikt René wakker uit zijn verdoving. Dan doolt hij rond met een zigzagloopje en mompelt als een dronken man.

Donderdag 10 juni is hij opgewekt. Hij neuriet deuntjes en zegt dat hij een carnavalsliedje heeft gemaakt. 'Heb je een blocnote? Dan zet ik de tekst op papier,' zegt hij en probeert het liedje te fluiten. 'Leuk voor op de piano,' voegt hij eraan toe. Even later bladert hij geïnteresseerd door een tijdschrift over ontwikkelingssamenwerking. Als hij foto's over een oorlog ziet, zegt hij: 'Je zou die oorlogsvoerders een pot geld moeten geven en zeggen: wanneer jullie stoppen met de oorlog, krijgen jullie een x bedrag. Je kunt het ook als lening verstrekken, dat is misschien voordeliger.'

Bevlogen vervolgt hij: 'Individuen, groepen en landen moeten zich bemoeien met de problemen waar anderen niet uitkomen.' Tijdens zijn betoog heeft hij zelfs aantekeningen gemaakt. Hij leest voor: 'Moeheid veroorzaakt door oorlog.'

Tegen halféén wordt er op de deur geklopt. Etenstijd. René bergt zijn aantekeningen zorgvuldig op. 'De computer geeft een geweldige stoet van vooruitgang,' zegt hij vergenoegd. 'We hebben héérlijk gewerkt.' Hij kijkt uit naar het nieuwe tehuis: 'Ik ben deze kliniek meer dan beu. Ze maken de verwachtingen niet waar en nemen een loopje met de theorie.'

'Gelukkig hebben we een beter tehuis gevonden, pap. Daar zijn ze gespecialiseerd in geheugenproblemen. Je gaat verhuizen van Koepelhof naar Molenhof waar je op afdeling Jekerhof gaat wonen.'

Hij grinnikt. 'Hof hof? En dan het *kurkhof* zeker?'

'Het ligt vlak bij het stadspark,' licht ik hem in.

'Het Spaspark?'

'Stadspark. Het stadspark van Maastricht.'

'Startpark.'

'Stadspark.'

'Het park van de start,' houdt hij vol.

'Van de stad,' werp ik tegen.

René: 'Precies. Het Startpark.'

Hij komt abrupt overeind en loopt met wankele tred door zijn kamer. Bij de deur valt zijn blik op een stapel oude kranten. 'Prima inpakpapier,' mompelt hij en gaat op zijn knieën tussen de kranten zitten. Even later is René vergeten wat hij daar doet.

Een verzorgende komt een glas water met rustdruppels brengen. René neemt een paar slokjes en zet het glas op het aanrecht neer. 'Moet hij dat niet helemaal opdrinken?' vraag ik haar.

Ze haalt haar schouders op. 'Ach, dat drinkt-ie straks wel.'

Het zweet gutst van zijn voorhoofd. René kan niet meer op zijn benen staan. Hij is zelfs te moe om te eten en slaat voor het eerst de maaltijd over. Hij wil alleen maar slapen en begint direct te snurken, zijn benen bungelend uit bed. Vrijdag 11 juni, wat is er met mijn vader aan de hand?

Enkele uren later wordt hij wakker. 'Wc!' Ik help hem uit bed, maar René zakt door zijn benen. 'Ik kan niet meer lopen!' roept hij in paniek. Ik sjor en sleur hem naar het toilet. Hij zakt op zijn knieën voor de wc-pot. Te laat. Zijn broek is nat.

Met kunst- en vliegwerk weet ik hem weer op bed te leggen. Zijn tong is gezwollen en zijn mond hangt scheef: heeft hij een klein herseninfarct, een zogeheten TIA (Transcient Ischaemic Attack)? Ik sla alarm.

Een verzorgende meet zijn bloeddruk. Ook de afdelingsmanager komt een kijkje nemen. Zij zegt: 'Ik zal zijn huisarts wel even bellen.'

'Moet hij niet naar de eerste hulp?' vraag ik haar verbaasd.

Ze schudt haar hoofd. 'Dit is geen spoedgeval.'

Even later stapt de afdelingsmanager weer binnen. Ze werpt een blik op René die op apegapen ligt en merkt op: 'Het kan best zijn dat ze hem te veel druppels hebben gegeven.'

René moet weer naar de wc. Ik sjor hem overeind. 'Te laat. O o o o...' Hij heeft het helemaal gehad. Twee verzorgenden snellen ons te hulp. René kijkt ze angstig aan. 'Wie zijn jullie? Wat willen jullie van mij?'

'Dit zijn verpleegsters, pap,' probeer ik hem gerust te stellen. Dat klinkt beter dan verzorgenden. Maar voor René zijn het ongewenste gasten die weinig goeds met hem voor hebben. Hij trilt als een rietje. 'Nondeju! Wegwezen! Laat me met rust!'

Hoeveel druppels heeft hij gehad? De verzorgenden kijken elkaar aan 'Volgens mij heeft-ie alleen Risperdal...' zegt de ene. Haar collega: 'Ja, Haldol hebben we hem zelfs gisterenavond niet gegeven.' De ander weer: 'Of toch wel?'

Twee uur later verschijnt zijn huisarts. René ligt kwijlend op bed. 'Ik vermoed dat zijn malaise een reactie op de medicijnen is,' zegt de huisarts. 'Maar dat kan alleen een neuroloog bepalen. Dan moet hij naar het ziekenhuis. Door de hele molen. De beslissing is aan u.'

René heeft het gesprekje opgevangen. Hij hakt de knoop zelf door: 'Probeer me maar in leven te houden. Maar niet naar het ziekenhuis!'

'Stop met die antipsychotica,' adviseert de huisarts.

Einde rustkamikaze?

Zaterdag 12 juni. René wordt in zijn druppelnarcose naar het nieuwe zorgcentrum verhuisd. Hij kan niet lopen en is half bewusteloos. De vrouw die naast hem zat tijdens het eten, een vriendelijke dame met een scheefhangend, gerimpeld gezicht – scheef als gevolg van een beroerte – barst in tranen uit. 'Uw vader was een echte gentleman. Ik zal hem missen.' Korte tijd later moet ook zij het veld ruimen. Ze was 'te claimend'. We komen haar weer tegen in verpleegkliniek Klevarie, net als Renés buurman, meneer

C. Die werd 'te agressief' en kreeg ook een enkeltje Klevarie. Kort daarop overlijdt hij.

Zeven maanden eerder arriveerde René kwiek en vrolijk in Koepelhof. Nu wordt hij in een rolstoel naar buiten gereden. Als we de receptioniste passeren, kan ik me niet langer inhouden: 'Noemt u dít zorg?'

8

ALZHEIMER TBS

René wiebelt op zijn benen voor de boekenkast. Hij raakt de boeken één voor één aan. 'Eén, twee, drie, vier, vijf, zes, zeven,' oefent hij zijn rekenvaardigheid. Hij verfrommelt een krant, stopt die in een kussensloop en kijkt verbaasd om zich heen. Er is iets veranderd in zijn omgeving, maar wat?

Zijn nieuwe kamer op de begane grond is tamelijk donker en smal. Het raam kijkt uit op een boom en struikgewas. 'Kun je vertellen waar ik ben?' vraagt hij me quasi-nonchalant.

'Je bevindt je op een verpleegafdeling, hartje Maastricht. Vier dagen geleden ben je verhuisd.' Ik doe verslag van de turbulente periode die achter hem ligt. Komt de boodschap over? 'Weet je waar je bent?' vraag ik voor alle zekerheid.

'Jazeker,' zegt hij. 'In de nieuwe dependance van de universiteitskliniek.'

De optimist kan niet wachten om aan zijn nieuwe betrekking te beginnen. 'Altijd leuk om nieuwe dingen te ontdekken.'

Samen verkennen we de afdeling. Onze tocht voert

door een korte, doodlopende gang met witte muren waaraan her en der bruine mandjes zijn bevestigd. René houdt stil voor zo'n mand. Hij betast de inhoud. Het voelt zacht aan. 'Wat hebben we hier?'

'Knuffels en poppen,' antwoord ik.

'Kanuf-wat?'

'Van die pluchen beesten,' verduidelijk ik. 'Waar kinderen mee spelen.'

'Kinderen?' Hij kijkt me verslagen aan. 'En dat vertel je me nu pas? Ik dacht dat ik ouderen moest behandelen.'

De gang heeft aan weerszijden deuren. Van de 'kantoortjes' van zijn acht 'collega's', zeven vrouwen en een man. René: 'Worden wij verwacht?' Hij klopt beleefd aan. Geen reactie. De volgende deur zit ook op slot. Welke deur hij ook probeert, niemand doet open. 'Vakantie?'

Drie lachende dames kruisen zijn pad. Ze lopen arm in arm en hebben dolle pret. '*Boe gaot g'r nao touw?*' vraagt een van hen.

'Ik zoek mijn werkkamer,' antwoordt René.

'Werkkamer? Wérkkamer!' Ze gillen van het lachen.

'Blijkbaar kunt u mij niet helpen,' zegt hij gekwetst. 'Maar toch vriendelijk bedankt.'

'Hij zegt: tóch bedankt,' grinnikt een van de drie. Schaterend schuifelen ze verder.

Wat een oponthoud. Wat was hij ook alweer aan het doen? René is gestrand aan het eind van de gang, pal voor het kantoor van de afdelingsmanager. Hij morrelt aan de deurklink. 'Er zal toch wel een uitgang zijn?' vraagt hij ongerust. Meteen draait hij zich om en sjokt naar het andere eind van de gang. Daar ligt de 'huiskamer' waar de bewoners het grootste deel van hun tijd doorbrengen – met een tv-hoek, een stuk of wat kleine eettafels en een bescheiden keukenblok.

In het tv-gedeelte zit een groepje ouderen zwijgend

bijeen. René blijft staan. Hij observeert. Scherp ziet hij het niet. 'Heb ik het goed: zijn dat ouderen?' vraagt hij mij. 'Ja? Wat doen zij daar? Mediteren?'

'Dat zou kunnen,' antwoord ik.

'Zijn zij onderwerp of juist aanjager van de studie?' vraagt René verder. Opeens trekt hij wit weg. Wat ziet hij? De wazige gestalten van twee in het wit gestoken vrouwen (de verzorgenden) die tussen de mediterenden door laveren? En waarom turen zijn studieobjecten zwijgend in de verte?

'Wat voor instelling is dit eigenlijk?' vraagt hij ongerust.

'Een zorgcentrum.'

'Zorgcentrellebu? Wat is zorgcentrebellu?' Er komt geen enkel beeld bij deze term in hem op. 'Dat is de beschrijving die u hoorde,' vervolgt hij, 'en verder hoef ik het niet uit te leggen. Zo. Zullen we zo snél mogelijk huiswaarts gaan?'

Nieuwe uitdaging: zoek de uitgang. René zwéért dat het gaat lukken en heeft al een vermoeden: achter het mediterende gezelschap bevindt zich een deur met draadglas. Af en toe lopen er mensen doorheen. Dat moet 'm zijn! Maar als René aan de klink morrelt, blijft de poort naar de buitenwereld dicht.

Ongelukkig sjokt hij door de gang. Hij moet naar het toilet, ook dat nog. En niet zo'n beetje ook. 'Ik moet, ik moet... hoe heet het ook alweer?' spreekt hij me aan. '*Massa-kwak*.'

'Massa-kwak?'

'Ik heb problemen met mijn *uitlaat*,' zegt hij radeloos. Zelfs op zo'n kritiek moment laat de taal hem in de steek.

Er gaat een lichtje bij me branden. René is in hoge nood. Ik spurt naar de verzorgende die in de huiskamer koffie aan het zetten is. 'Mijn vader moet dringend naar het toilet.'

'Geen probleem, ik help wel even,' zegt ze vriendelijk.

Daarna snelt René weer door de gang. 'Ik ben mijn *schroef* kwijt.' Hij maakt draaiende gebaren met zijn hand.

'Bedoel je een sleutel?'

Precies. Dan kan hij naar huis. Maar waar woont hij ook alweer? Zijn hersenen kraken. 'Iets met treinen ervoor.' De spoorlijn pal voor Koepelhof is het enige beeld dat nu in hem opkomt.

'Sorry, pap: jij woont hier.'

René is sprakeloos. Alles zit op slot, tot en met zijn kledingkast. Zelfs het raam in zijn kamer is vergrendeld. Dat beangstigt hem. 'Hoe kom ik weg als er brand is?'

De psycholoog is beland in een wereld van sleutels en sloten. Hij slaat zijn handen voor zijn gezicht en vraagt: 'Heb ik de wet overtreden?'

'Nee.'

'Ben ik de hoofdverdachte?'

'Je hebt niks misdaan.'

'Ben ik beschuldigd? Als je van beschuldigingen wordt beschuldigd... daar gaan we weer: tekst kwijt.'

'Niemand heeft je beschuldigd.'

'Waarom zit ik dan opgesloten?'

Wat moet ik zeggen? Overal ter wereld worden mensen met dementie 'voor hun eigen bestwil' van hun vrijheid beroofd.

René is woedend: 'Wie heeft dit bedacht? Dit is puur getreiter.'

Met een ijsje kan René de benarde situatie even van zich afzetten. 'Héérlijk!' Hij zit in zijn leunstoel te genieten. 'Ik zou trouwens best nog wat lusten,' zegt hij. Waar heeft hij trek in? Hij wrijft in zijn handen. 'Hoe heet het ook alweer? Een kleiner... randje... en nog een *gankeltje*... kettinkje.'

'Kettinkje?'

'Nee, een *ringetje*.' Hij tekent een rondje in de lucht. 'Je kunt het éten.'

'Een eetbaar rondje?'

Nieuw aanknopingspunt: 'Je pakt het uit een rond ding.'

'Een koekje?'

Hèhè.

'En is hier ergens een toiletje?' vraagt hij zacht.

Achter een schuifdeur in zijn kamer ligt de 'natte cel', met wastafel, douchebak en toilet. Maar René ziet alleen een witte massa. Kleuren en lijnen vervagen, de toiletpot verdampt in het gebroken wit van de tegels. Het is dat ik, zijn dochter, beweer dat hij heus bij de wc staat. Vooruit dan maar. 'Nou moet je me even alleen laten,' zegt hij beslist. Hij schaamt zich voor zijn geworstel met de broeksknoop.

De broek is los, maar waar is het toilet? Hij knippert met zijn ogen. Geen wc te bespeuren. Is het misschien een Frans toilet? Dat zal het wel wezen.

Zó. Hoe verder? Hoe komt hij uit die krappe ruimte?

Ik schuif de deur open. Op de vloer van de badkamer ligt een plas. 'Dan weer dit, dan weer dat,' komt hij mopperend tevoorschijn. 'Ik kan er *geen knoop meer aan vasttouwen*.'

Er wordt op de deur geklopt. Het is de verzorgende die de zorg voor René coördineert. 'Ik zie dat u aan het opnemen bent,' zegt hij beleefd. De cassetterecorder draait. 'Mag ik storen?' Hij heeft een nieuwtje. 'De fysiotherapeut heeft naar het lopen van meneer gekeken. En wat doet meneer? Hij schaart met zijn voet.' Sinds de druppelmalaise is René nogal slecht ter been. 'Daarom loopt hij niet stabiel en kan hij vallen. Hij moet onder begeleiding lopen.'

'Mag hij niet los?' vraag ik. Alsof we het over een hond hebben, denk ik beschaamd.

'Nee, hij mag niet los. Maar meneer staat natuurlijk wel zelf op. Hij loopt het risico dat hij valt.' De zorgcoördinator adviseert ons heupbeschermers aan te schaffen. 'Want we kunnen niet constant iemand naast hem zetten. Wil je dat-ie niet valt, zul je moeten improviseren met een bandje of een plank. Ik denk dat het allemaal een beetje vroeg is. Maar ik wil het wel melden.'

Ik ben sprakeloos. Wordt mijn vader op zijn oude dag 'gefixeerd': vastgebonden? René heeft het gesprekje niet begrepen, maar mijn bezorgde gezicht stelt hem niet gerust. Als de zorgman weg is, zegt hij: 'Slecht nieuws, is het niet? Wat dacht je van een stuk taart?'

Bewoners van Molenhof kunnen een hapje eten in de grote zaal, op steenworp afstand van Jekerhof 1, de afdeling waar René verblijft. Vlak voor de ingang klinkt een galmende stem:

'*Zèsenderteg... einentachteg... veertien.*'

René spitst zijn oren.

'*Vieftien... achenzesteg... negenentwinteg.*'

'Wat is dít nou weer?'

'*Achtien... twieënveerteg... negenenderteg.*'

'Moeten we wel verder? Ze staan in rijen en zetten nu om de beurt een stap naar voren.' Wat bedoelt hij? 'Nog niet zo lang geleden kregen zulke mensen dwangarbeid. Bijvoorbeeld: met een riek sloten *uitbanjeren*.' Waant hij zich op een appèl van gevangenen in een bajeshemd met hun rugnummers erop?

Het is maar kienen, de nummers worden omgeroepen. We banen ons een weg door de drukbezette tafels,

René benauwd aan mijn arm: de cijfers vliegen hem om de oren. Met een stuk taart in de hand gaan we ervandoor.

Hij veegt het zweet van zijn voorhoofd. Hoe komt hij in vredesnaam thuis?

René doet diezelfde avond nog een ontsnappingspoging. Hij posteert zich bij de toegangsdeur en wacht zijn kans af. Er komt iemand binnen. Hij glipt erlangs, maar wordt in zijn kraag gegrepen. Betrapt.

De volgende ochtend loopt René te zoeken in zijn kamer. Wat is hij kwijt? 'Het *eetbewaarapparaat*. Mét inhoud,' zegt hij verontwaardigd. 'Wie heeft me dit geflikt?'

'Helaas pap. Een ijskast op je eigen kamer is hier verboden.'

'Verboden?'

De afdelingsmanager hield voet bij stuk. 'Als ze ziek worden van bedorven etenswaar, zijn wij juridisch verantwoordelijk,' vertelde ze mij. Geen ijskast dus op de kamer van mijn vader.

René: 'Maar heb ik wel zo'n *opwarmding*?' Nee, ook geen magnetron. En ook geen pan.

'Hoe moet ik dan koken? Dit is ongehoord!' Met grote stappen loopt hij naar de voordeur.

'Waar ga je heen?' vraag ik bezorgd.

'Naar de Hema. Een ijskast kopen. En een pan. Ik laat me niet verhongeren.'

'Je mág niet eens op je kamer koken,' vertel ik hem.

Nou breekt zijn klomp: 'Wat is dit voor rare sekte?'

Een verzorgende steekt haar hoofd om de deur. '*Goojemiddeg menier Van Neer, komp g'r zoe astrein lunche*?'

René: '*Höbbe veer daan 'ne maoltied bestèld*?'

Hij krijgt een plekje tegenover Klaas toebedeeld. Klaas staat te boek als 'doof en dement'. Een boom van een vent. Kaal en zonder tanden, en hij wiebelt vaak onrustig met zijn voeten.

'Wat is dit voor restaurant?' vraagt René. Zijn hand gaat zoekend over de tafel. Maar de menukaart ontbreekt. Hij krijgt een grotesk servet omgebonden en oogt als een bejaarde peuter. 'Hebben ze hier ook pistooltjes?' Ja, ik heb hem goed verstaan. 'Pistooltjes om mee te schieten. Pang, pang,' licht hij toe.

Twee verzorgenden brengen soep en brood rond. 'Hebt u even?' vraagt René als een van hen bij zijn tafel staat. 'Wat kost dit diner? Zijn de transacties keurig afgewikkeld?'

'Wat bedoelt u, meneer?' vraagt ze verrast.

'Ik houd graag zicht op mijn financiën,' licht hij toe. 'Kunt u mij, voorafgaand aan de maaltijd, de rekening verschaffen?'

Het zit mijn vader niet mee. Op de achtergrond schalt harde hoempapa uit de tv en Klaas zit voortdurend (per ongeluk) tegen zijn schenen te schoppen. Zelfs de lepel werkt tegen. Als René rechtsom de mond in wil, gaat dat onding naar links. Hij moppert: 'Zo wordt het werkoverleg door een onbetekenend ijzertje gesaboteerd.'

Na de lunch wacht hem een nieuwe verrassing. Waar zijn z'n collega's gebleven? Nou, zij houden 'Alzheimersiësta': de verplichte middagdut. De tv staat uit. Het licht is gedempt. In doodse stilte zitten de bewoners bij elkaar. Iedereen moet een uurtje slapen, want dat zou goed voor ze zijn. René heeft geen behoefte aan de plichtdut. Pure tijdverspilling. Wat heeft hij wel niet aan zijn hoofd? Ontsnappen uit het dementiegevang is prioriteit nummer één.

'Pap, ik moet naar huis,' deel ik mee.

Hoort hij het goed? Laat ik hem alleen? Zijn gezicht betrekt. 'Schrijf je alsjeblieft je telefoonnummer op? Plus alle reservenummers? En is er genoeg eten in huis?'

Ik toets een code in op het codeslot naast de deur.

René slaat mijn handeling nieuwsgierig gade en vraagt: 'Wat is dat voor apparaatje?'

'Een codeslot. Je kunt er pas uit als je de cijfercode kent.'

'O, zeg dat dan!' Zijn gezicht klaart op. Had hij het maar eerder geweten, dat had een hoop zoekwerk bespaard. 'Kun je die in gróte letters voor me opschrijven?'

'Dat heeft helaas geen zin, pap. Je kunt het apparaatje niet bedienen.'

'Kun je dan niet een kopietje van de handleiding maken?' probeert hij. 'Zit er trouwens garantie op?'

'Tot morgen,' zeg ik aan de andere kant van de deur, de kant van de vrijheid.

'Maar de dag is nog lang niet voorbij, want morgen is er weer een,' probeert hij mijn vertrek nog even uit te stellen. Maar ik moet echt weg.

René beent nerveus door de gang. Nu staat hij er alleen voor, overgeleverd aan een geheimzinnige organisatie waarvan hij niet eens weet wat ze met hem voor hebben. Als klap op de vuurpijl heeft hij geen eten in huis. Hij moet daar zo snel mogelijk weg. Wrikt aan het kastje van de nooduitgang. Tikt op een raam. Probeert alle deuren uit. 'Laat me naar buiten, anders maak ik alles kapot,' roept hij tegen zijn 'cipier'. Maar de poort naar de vrijheid blijft dicht.

Het onheilspellende telefoontje komt vroeg op de avond. Het is helemaal mis met René. Hij heeft de afdelingsmanager een oplawaai gegeven. Zijn medebewoners en het personeel bedreigd en uitgescholden. 'Hij was niet voor rede vatbaar,' zegt de verzorgende die belt. 'Nu zit hij in ons kantoor en weigert te vertrekken.' Of ik meteen kan komen.

René zit aan een bureautafel met tegenover hem twee

getergd kijkende verzorgenden. 'Ha, de Amsterdamse politie,' begroet hij Cees en mij. 'Komen jullie me arresteren?' Tot mij: 'Ben je soms overgestapt op een ander geloof? Hoor jij nu ook bij deze sekte?'

Een van de twee zegt: 'Het begon met een inbraak. Uw vader dacht dat er ingebroken was. Hij wilde de politie bellen.'

Haar collega: 'Het is de vraag of hij hier behandeld kan worden. Zo'n zwaar geval...'

'Wat een wálgelijke psychiatrie,' valt René ze in de rede. 'Zodra ik tijd heb, ga ik deze *minstand aanknagen*.'

Voor hem op tafel ligt een stapeltje zorgdossiers. Hij tikt op dat van hemzelf en vraagt: 'Wat doen we met deze patiënt? Waar is het behandelplan?'

Ze vervolgt: 'Uw vader wil niet eens water drinken. Hij zegt: "Ik drink niet wat hier wordt opgediend." Hij denkt dat we er iets in hebben gedaan.'

Dat heeft René goed gezien. Twee dagen eerder werd hij opnieuw aan een rustdruppelkuur gezet. Aanleiding? Hij maakte op een ochtend zomaar stampei. De verzorgende moest hem met rust laten. Hij liep scheldend over de gang en ook de ontbijtbordjes moesten het ontgelden.

Wat had zich die bewuste ochtend afgespeeld? Wilde hij me bellen en zocht hij vergeefs zijn telefoon met 'noodknop'? Die hoort bij de inventaris van Koepelhof en is dus daar gebleven. Er staat weliswaar een andere telefoon met grote toetsen voor slechtzienden, maar René kan geen telefoonnummers meer draaien.

Zocht hij zijn bureau met briefjes en boeken? De nieuwe kamer is kleiner, het bureau kon er niet bij. Wilde hij een boterham smeren om vervolgens weer te ontdekken dat ijskast-mét-inhoud is gestolen? Was hij op zoek naar het onvindbare toilet? Zocht hij zijn kleren, maar ging de kast niet open? Wie is er met zijn kleren vandoor?

Of drong zijn miserabele situatie, onschuldig veroordeeld, weer even tot hem door? Want René 'realiseert zich in flarden dat hij op een gesloten afdeling zit. Dit maakt hem onrustig en angstig,' vermeldt zijn opnameverslag. En in het zorgdossier: 'De heer vindt het eng om opgesloten te zitten.'

Nu houdt de Alzheimer-activist met een grimmig gezicht het kantoor van de afdelingsmanager bezet. Ze zitten met de handen in het haar: zij moeten hun dossiers nog schrijven. Kan ik hem alsjeblieft meenemen naar zijn kamer?

'Zullen we samen naar je kamer gaan?' stel ik hem voor.

Hij kijkt me vragend aan. 'Sullebusaamunawurkmergaan?'

De vloer in zijn kamer ligt bezaaid met boeken. Niet zomaar wat, hij heeft met zijn eigen werk lopen smijten. Geschreven in de tijd dat hij nog kon rekenen op zijn brein. Zijn levenswerk ligt op de grond, alsof hij zijn historie eigenhandig heeft willen afbreken.

Hij trilt als een espenblad. 'Zitten die inbrekers nu vast?' Hij zakt voorzichtig op bed, krimpt ineen en slaat zijn handen voor zijn ogen. 'Zó houd ik het niet vol. Dít wil ik niet meemaken. Ik hoop vurig dat het gauw voorbij is. Goddank dat jullie, *harde veteranen*, er zijn. Tot een halve avond geleden had ik niet de idee dat ik kon ontsnappen aan de misère.'

Met trillende handen drinkt hij van een beker chocomel. 'Ik heb geen *stoprechten* meer,' zegt hij verdrietig.

'Stoprechten?'

'Precies zoals ik 't zeg. Je kunt ze niet stoppen. Ze doen met je wat ze willen.' René heeft geen zeggenschap over zijn leven meer. 'Dat is een belangrijk punt bij het opgenomen worden: je moet in een vreemde kring springen, zien waar je terechtkomt,' legt hij uit. 'Je kunt er weinig zelf van zeggen: hoe spring ik, wanneer spring ik, wie springt mee?'

Wist René maar wat de 'vreemde kring' van hem verlangt. 'Die is dáármee bezig, en een ander wil dááraan beginnen, en ze vragen jou en jou en jou. Dan dit, dan dat. En dan komt die weer binnen.' Hij probeert te begrijpen wat er om hem heen gebeurt, maar krijgt er geen grip op.

'Ik heb helemaal geen zelfvertrouwen meer.' Hij voelt dat hij constant faalt. 'Met als voornaamste oorzaak dat ik niet meer uit de weg kan met wat er in de kast staat.' Met zijn boeken dus. 'Mijn werk is me ontnomen en dat mis ik. Moet jij trouwens niet oppassen dat je beticht wordt van *emotionele betrokzaamheid*?' vraagt hij me bezorgd.

'Wat bedoel je?'

'Nu hebben ze het op mij gemunt. Straks gaan ze ook achter jou aan.' Hij slaakt een diepe zucht. 'Wat doe ik je aan? Ik *belaster* je met mijn verdriet en leg beslag op je kostbare tijd.' René gaat gebukt onder schuldgevoel. Hij verontschuldigt zich dikwijls voor de 'ellendige situatie' waarin hij me heeft gebracht. 'Ik val je lastig met míjn problemen en je hebt al zoveel aan je hoofd.'

Hij komt overeind en zegt op strenge toon tegen zichzelf: 'Je moet op krachten komen. De tijd krijgen. *Koeren* en een andere wereld opbouwen. Zó. Zullen we nu naar huis gaan?'

Wat heeft zijn eenmansactie opgeleverd? René zit nog steeds in het gevang. Gek wordt hij ervan. Hij dwaalt urenlang over zijn afdeling, op zoek naar de uitgang, het toilet, een hapje eten of een zinnige bezigheid: hij verveelt zich te pletter.

En de activiteiten dan die het zorgcentrum organiseert? Daar is René niet welkom: 'Wanneer meneer van de afdeling gaat, heeft hij veel persoonlijke aandacht nodig en helaas is daar bij een groepsactiviteit weinig plaats voor.' Hij mag alleen mee onder begeleiding van een vrijwilliger.

De activiteiten zijn toch niet aan hem besteed: geheugentraining, handwerken, koffiekransje, beweging, kienen, zingen, mosselmiddag, dansmiddag, barbecue, carnaval, kienen, playbackshow, sinterklaasviering – goed bedoeld en met grote inzet uitgevoerd, maar bedacht vanuit het perspectief van mensen zonder dementie. Wat zij gezellig vinden, zullen de 'dementerenden', zoals ze worden genoemd, ook wel waarderen.

Broer Léon neemt hem mee naar het voorlezen. Voorheen kon René er ontzettend van genieten, maar nu is het te hoog gegrepen. Een brij van woorden komt op hem af. Hij kan er geen chocola van maken en zit zich stilletjes te verbijten. 'Een typisch voorbeeld van een honderd procent mislukte ochtend,' merkt hij na afloop eens op.

René hangt lusteloos op de afdeling rond. 'Ik zit mijn tijd maar uit te zitten,' zegt hij somber. Hij brengt veel tijd in de huiskamer door, vaak in gezelschap van Klaas, terwijl de rest aan het 'activiteiten' is. Ook Klaas heet hier te onrustig voor. Eén keer per week wordt er een halfuur met hem gedamd. Dan leeft hij op. De oud-Utrechtenaar werd op een goed moment dakloos. Een weldoener bevrijdde hem uit het Leger des Heils in Maastricht en vond een plek in Molenhof.

Ook de gang is weinig spannend, behalve de mandjes met knuffels. Tot nog toe heeft René er amper belangstelling voor getoond. Maar op een dag neemt hij zo'n mandje onder de loep.

Hij graait en graait. 'Mag ik deze?' Een feloranje knuffel. Is hij er eindelijk aan toe? Durft hij zich zonder schaamte aan het speelgoed over te leveren? Ik moedig hem aan: 'Leef je lekker uit, pap. Kom op!'

René loopt onwennig met de knuffel rond. Hij voelt en knijpt erin. 'Ik kan er niets mee!' roept hij verbaasd. 'Er zit geen vocht in.' Voor alle zekerheid knijpt hij er nog eens in. Niets, geen druppel. 'Nou, dan breng ik 't maar weer terug,' zegt René teleurgesteld. Hij dacht dat het een sinaasappel was. Staat hij wéér voor schut.

Ook Klaas heeft geen makkelijke dag. Klaas loopt zuchtend rond: hij heeft het benauwd. Hij gooit zijn schoenen uit, drinkt een glas water in één teug leeg en tot overmaat van ramp zakt zijn broek voortdurend af. Maar dan ontdekt Klaas een cactus en loopt er trots mee rond. De pret duurt niet lang. Een verzorgende geeft hem een standje: 'Geef terug Klaas, je moet niet met spulletjes gaan lopen.' Weg cactus. Als ik de deur opendoe, probeert Klaas te ontsnappen.

Zelfs als de negen bewoners samen 'relaxen' in de tv-hoek, wil het maar niet gezellig worden. Zij zitten meestal zwijgend bijeen, omdat ze het communiceren niet meer vaardig zijn. Ze zijn hun kompas in het praten kwijt, kunnen geen initiatief meer nemen en wachten op een gangmaker uit de 'gewone' mensenwereld. Die gangmaker komt zelden. Net als in Koepelhof komen ook hier de verzorgenden alleen aan de hoognodige taken toe: wassen, fysieke zorg, aankleden, medicijnen verstrekken, helpen bij het eten en het toilet, de dossiers bijhouden. Toch doet het team zijn best om de sleur te doorbreken. Taart op zondag bijvoorbeeld.

Bedenk je eigen activiteit, is hier het ongeschreven motto. René staat bij de reling in de gang en wrijft er met zijn mouw overheen. Wat is hij aan het doen?

'Schoonmaken.'

'Is het erg vuil?'

'Heel erg. En de stang zit nog los ook.' Hij kijkt me vragend aan: 'Moet het met vet?' En legt uit: 'Om te bakken en te braden. Met *gretten en groenten*, ook al zijn ze hier niet meteen bezig met koken, bakken en dergelijke.'

'Heb je misschien honger?'

'Nee, nee. Ik bedoel: bakken is een aanbeveling om niet te wachten. Als gastvrouw kun je zeggen: "Ik bak iets voor jullie." En als je geen zin hebt, laat je het ding maar draaien en doe je net alsof je met de correspondentie bezig bent... en als je het dan nog te moeilijk vindt, wacht je tot we allemaal thuis zijn. Snap je?'

'Niet echt.'

'Nee? Ik dacht nog wel dat ik 't zo helder had geformuleerd. Laat ik het dan zó zeggen: let op een duidelijk handschrift. Zorg ervoor dat je de *zweggen* kunt doorknippen. Desnoods roep je de hulp van een overheidsinstantie in, maar let dan wel op de kwitantie: er kan een verschilletje tussen de komma's zitten. Beschouw het desnoods als *proefstappen*. Duidelijk? Gelukkig.'

Maria komt voorbij geschuifeld. De vrouw die ooit in haar eentje een Maastrichtse kolenhandel runde, is de spil van de drie vrolijke vriendinnen die eindeloos door de gang schuifelen. Ze grijpt ons elk aan een arm vast. 'Kom! Samen, gezellig.' René wrikt zich los. Hij heeft het geduld niet om voetje voor voetje te gaan. Hij loopt voorop, wij volgen. Maria priemt met haar wijsvinger naar de dichte deuren en zegt: 'Een rótgevoel.' Is het kantoor misschien open? Ze voelt aan de klink. Helaas. Als het personeel er niet hoeft te wezen, gaat die deur óók op slot. 'Bah!'

De verveling is een gesel. 'De minuten duren zo lang,' zegt René. 'Je zit elke dag te wachten op niets.' Maar als het druk is, weet mijn oud-researcher ook niet waar hij het moet zoeken. Op de vrijdagmiddagen is het raak: dan draagt de pastoor de mis op en komen bewoners van de andere verpleegunits (in totaal verblijven er vijfenvijftig) over de vloer. Opeens is het razend druk in de huiskamer.

René noemt de plotselinge invasie *'koeierij op intocht'*. Hoe komt hij in hemelsnaam weg? 'Kunnen we niet gaan naar... bijvoorbeeld een rustig riviertje?' stelt hij radeloos voor. En spitst zijn oren. Er wordt gebeden en gezongen. 'Is dit een opera?'

'Nee, een kerkdienst,' houd ik hem voor.

'Káruk-verdienst?'

'Kerkdienst. Katholieken, hosti's, biechtstoelen, preek, pastoor,' help ik hem op weg.

'Ik snáp het!' René is opgelucht. Nu weet hij waar hij is: 'In de kathedraal.'

We schuilen in zijn kamer. 'Raad eens waar ik zin in heb,' zegt René met zijn ogen halfdicht in de leunstoel voor het raam.

'Nou?'

'In een *huis-tuin-en-keukensluis*.' Hij tekent een cirkel in de lucht.

'Een koekje?'

Hij schudt zijn hoofd. 'Het is rond en wit.'

'Geen idee.'

'Ik had er vier van.'

'Vier sinaasappels?'

'Precies! Si-streep-naas-streep-appel.'

'Maar die is oranje, niet wit.'

René: 'Hoe kom je daarbij?'

Ik reik hem een sinaasappel aan. Hij kan hem zelf wel schillen. Verbeten ontpelt hij de sinaasappel en toont de witte binnenschil. 'Nou? Zei ik het niet? Wit.' Wat een triomf! Eindelijk heeft hij het bij het rechte eind. 'En waar gaan we straks eten?' vraagt hij onzeker. 'Je weet, ik onthoud geen fluit meer.'

‘Zal ik je de eetzaal laten zien?’ stel ik voor.

René: ‘Bespaar je de moeite. Ik leer toch niks meer.’

Een ommetje zal hem goed doen. De zon schijnt. De terrassen op het Onze Lieve Vrouweplein, hartje Maastricht, zitten mudjevol. Hand in hand slalommen we tussen de tafeltjes.

‘O mensen, o mensen, o mensen,’ verzucht René. De kakofonie van geluiden, beelden, aanrakingen en geuren overvalt hem. Zó veel prikkels tegelijkertijd kan hij niet meer thuisbrengen.

In het midden is een tafel vrij. René aarzelt. ‘Ga maar lekker zitten,’ moedig ik hem aan.

‘Zitten? Graag. Wist ik maar hoe.’

‘Drááien!’ tetter ik in zijn oor.

‘Draaien? Wat is draaien?’

‘Ómdraaien. Nu naar rechts. Nee, níét naar links!’

‘Rechts, links?’ verzucht hij. ‘Neem me niet kwalijk, ik ben het verschil éven kwijt.’

‘*Mama, veurwat deit dee menier zoe raar?*’ klinkt het aan een naburig tafeltje.

‘Eh...?’ Haar mama kijkt me vragend aan.

‘Alzheimer,’ leg ik uit.

‘*Aoh, dee menier is dement,*’ vertelt ze haar dochter. ‘*Zjus wie Oma, wètste wel? Demente luikes doen zoe, umtot ze niks mie wete.*’

René voelt zich onderhand een levende kermisattractie. ‘Mensenlief, laten we in vredesnaam gaan,’ zegt hij opgelaten. We druipen af.

‘Hoe kan ik je aan het lachen maken?’ probeert hij me op te beuren. ‘Zullen we een noodkreet aanheffen? Kom heen! Wij lijden! Met lange ij, anders staat het zo raar.’

Terug in Molenhof wil hij niet gaan zitten. ‘Laat mij maar.’ Even later komt de aap uit de mouw. Hij leunt uitgeput tegen de muur en zegt: 'Ik kan écht niet meer. Maar ik weet bij god niet hoe te gaan zitten.' Als je niet in een stoel kunt komen, moet je wel blijven lopen.

Een verzorgende schiet te hulp. Zij helpt hem op een stoel.

'Menier Van Neer, geer moot drejje. E stepke nao links.'

'Jao, jao iech verstaon 't wel.'

'Geer moot goon zitte.'

'Zit neet zoe aon m'ch te plökke.'

'Aanders kin iech uuch toch neet helpe?'

'Laot m'ch mèt rös. Iech daon 't liever zelf.'

'Goon zitte, menier Van Neer.'

'Iech daon mien bès.'

'Laot uuch mer valle, iech höb uuch vas.'

'God-o god-o god.'

'Gewoen laote valle.'

'O jee, o jee, o jee. Laot miech los.'

'Menier Van Neer!'

Zo gaat het nog een tijdje door. Dan gebeurt het wonder: hij zit. Maar komt meteen weer overeind. 'M'n portemonnee!' roept hij uit, terwijl hij zijn broekzakken haastig doorzoekt. 'Gestolen. Ik wist het wel.'

Weg is hij, op zoek naar zijn beurs. Zo zoekt hij wel vaker naar verloren voorwerpen: aktetas, fiets, pan. Op een dag is René zowaar zichzelf kwijt. Hij vraagt zijn zorgcoordinator: 'Hebt u toevallig René van Neer gezien?'

Het eindeloze lopen put hem uit. 'Zo, nu ga ik slapen,' zegt hij op een namiddag in de huiskamer. Na kilometers te hebben afgelegd, zit hij eindelijk in een stoel.

'Zal ik je naar bed brengen?' bied ik aan.

'Nee, engel. Dat kan ik zelf wel.' Hij begint aan het bovenste knoopje van zijn overhemd te peuteren.

'Je bent niet op je kamer,' waarschuw ik hem.

'Niet in de slaapgelegenheid?'

'Nee.'

'Dat weet je zéker? Ik dacht dat het de bedoeling was dat ik hier zou slapen,' zegt hij beschaamd. Zie je wel, hij bakt er niets meer van. Hij vergist zich zo vaak. 'De heer heeft zich vanmiddag tot drie keer toe uitgekleed op dagzaal,' aldus het zorgdossier.

'Ik ga op zoek naar wat te eten. Blijf maar rustig zitten. En hou je in de gaten dat de hond niet wegloopt?' Met die woorden stevent René op een middag zijn kamer uit. In rap tempo loopt hij door de gang en voelt aan de deuren. 'Is het eethuisje gesloten?' Hij moet en zal het eethuis vinden, want hij heeft honger voor tien.

In de grote zaal van Molenhof gaan we een gebakje eten. Hij doet zijn uiterste best om niet te knoeien. Maar het duurt niet lang of het schoteltje is omringd door stukjes gebak. René schaamt zich voor de knoeipartij. 'Kun jij het misschien... ongezien... ze zullen wel denken...'

Waar zou hij nu vertoeven? 'Weet je waar we nu zijn?' informeer ik nieuwsgierig.

'In de universiteitsbibliotheek.' Hij heeft het laatste stukje opgepeuzeld en vraagt: 'Wie gaat nu de *prijswinst winnen*?'

'Bedoel je: wie gaat betalen?'

'Precies. Hebben we *hanteergeld* meegenomen? Laat mij maar afrekenen, want jij doet al zoveel.' Hij zoekt vergeefs zijn beurs. Omdat die weleens zoekraakte, en hij die toch niet meer nodig heeft, ligt deze in een la op zijn kamer. René, gekwetst: 'Iedereen heeft een portemonnee op zak. Waarom ik dan niet?' Het zoveelste bewijs dat hij niet meer meetelt. Zelfs over zijn geld heeft hij niets meer in te brengen. Wat een wereld.

'Waarom ben je zo onrustig?' vraag ik hem.

'Onrustig?'

'Je bent de hele dag aan het lopen.'

'Ik vind het zelf ook heel... verwonderlijk.'

'Waardoor denk je dat het komt?'

René: 'Ik ben nog steeds bevangen door de wetenschap. Maar ik ben *afbedankt*.' Hij bedoelt: niemand wil met hem samenwerken.

'Dus je werkt alleen?'

Hij knikt. 'Ik ben aan het óp serveren. Althans, normaal gesproken zou ik *orthodoctisch* bezig zijn. Wat doen zij? Waar gaat het om? Lukt het? Een uurtje kijken dus. En op je gevoel afgaan opdat alles volgens het te verwachten doel verloopt. Ik moet zeggen: interessant om mee te maken hoe ze op me reageren.'

'Hoe dan?'

'Tot nu toe niet ontstellend. Niemand zegt: "U bent mijn collega."'

'En wat merk je als je observeert?' vraag ik verder.

'Je ziet waar het misgaat,' antwoordt hij. 'Ze zien over het hoofd dat oudere mensen willen weten waar ze aan toe zijn. Dat wordt ze niet verteld.'

Vooruit, René is de kwaadste niet. Hij geeft zijn collega's een nieuwe kans. 'Onder toezicht, dat wel. De moeite waard om het uit te proberen. Maar nogmaals, hou in de gaten dat oudere mensen eraan gehecht zijn om te weten waar ze zijn.'

Bij de deur nemen we afscheid. Hij grijpt mijn arm stevig vast. 'Ga je heus weg? Zeg me wat ik moet doen om je bij me te houden.'

'Sorry pap, ik moet echt gaan.'

'Schrijf je alsjeblieft je telefoonnummer op? En wat reservenummers, voor het geval dat. God-o-god-o-god.'

'Waar ben je bang voor?'

'Voor alles. Je botst hier tegen rare mensen op. Het is

niet leuk, niet gezellig. Ik heb geen flauw *benutsel* wat hier mijn functie is. Wat wordt van mij verwacht? Staat het ergens op papier? Kan ik dat lezen?'

Ik leg hem uit dat er verzorgenden in de buurt zijn die hij met vragen kan aanklampen. Maar hij: 'Ik wíl die vreemden niet. Het is onbegonnen zaak. Ik ben hier doorlopend aan het kennismaken. Met iedereen, elke dag opnieuw.'

Hij plukt aan zijn vingers. Er kleven irritante draadjes aan. Zijn stem slaat over. 'Ik wil íémand, een vást persoon.'

René is ontheemd. Hij zoekt een maatje. De eenzaamheid blijkt ook een van de drijfveren achter zijn gewandel. Hij is dikwijls op zoek naar 'vertrouwde gezichten', naar 'mijn familie', 'contacten', 'iemand om mee te praten'. Hij verlangt naar een vertrouwd iemand die hem zijn geschiedenis terug vertelt. Een baken in die ongrijpbare, angstaanjagende werkelijkheid. 'Ik zou een gezin moeten hebben,' zegt hij peinzend. Een gezin met vrouw en kinderen, net als vroeger.

'Hoezo?' vraag ik.

'Om rust te krijgen binnen mijn rustelove... rusteloosheid.'

Een paar dagen later loopt hij weer zoekend rond. Als hij me ziet, grijnst hij van oor tot oor. 'Een vader die *zijn handen vastknijpt*. Hij weet: nu reist ze naar me toe. Maar zal ze het wel halen?'

Eén week later. 'Ik ben op zoek naar namen. En naar mijn werkkamer, uiteraard.'

Ik toon hem het bordje op zijn kamerdeur. Daarop staat in kleine letters: R. van Neer. Hij kijkt me verrast aan en vraagt: 'Heb jij een plattegrond van R. van Neer?'

Twee weken later. 'Wat zoek je, pap?'

'Wist ik dat maar,' verzucht hij. 'Best lastig als je niet weet waar je naar op zoek bent.'

In september kruist de mevrouw van het indicatieorgaan weer ons pad. Met haar aktetas vol dossiers maakt ze haar opwachting in de kamer van René. Nee, ze hoeft geen koffie, want ze is zó klaar.

'Dag meneer Van Neer, herkent u mij nog?'

René glimlacht beleefd.

'Hoe vindt u het hier?' vraagt ze verder.

René: 'Hier? Hier?'

'Zij bedoelt: heb je het naar je zin in je nieuwe kamer? Waar je nu woont,' schiet ik te hulp.

'O... het is niet om naar huis te *juichen*,' antwoordt hij. 'Ik heb bijvoorbeeld dringend een pan nodig.'

'Maar u krijgt hier toch maaltijden?'

'Gelijk hebt u. Maar de helft van de tijd vergeet ik dat. Het zou handig zijn als ik zelf ook eens wat kan kokkerellen.'

'Weet u waar u bent?' vraagt ze verder.

'Molenhof,' roep ik snel.

De mevrouw zucht. 'U gaat me niet vertellen dat uw vader het nog weet.'

'Klopt. Waarom stelt u hem dan die vraag? U brengt hem in verlegenheid. Het probleem is dat hij zijn verblijf als een gevangenis ervaart.'

Ze wendt zich tot René. 'Dus u bent niet tevreden over de zorg?'

Hij schrikt op. Het gaat veel te snel. Hoe redt hij zich eruit? Na enig nadenken: 'Moeilijke vraag. Daar moet een mens zich op voorbereiden. Laat ik het zó zeggen: als ik écht tevreden was, zat ik hier niet.'

'Hebt u nog last van uw geheugen?' vraagt ze verder.

'Geuheumelen?'

Ze verduidelijkt: 'Van dementíé.'

'Aha, deméntie... u moet 't wél goed uitspreken,' verbetert René haar. Officieel spreek je van deméntie, hij heeft gelijk. 'Als het om deméntie gaat, moet u bij de bibliotheek zijn,' vervolgt hij vriendelijk. 'Daar hebben ze alle literatuur. Ik zit tegenwoordig niet meer zo strak in de boeken.'

'En wie is zíj?' Ze gebaart in mijn richting.

Hij kijkt haar vragend aan. Wie bedoelt ze met 'zij'? Ik zit buiten zijn gezichtsveld. Hij ziet enkel wuivende handen. Als het antwoord uitblijft, zegt ze tegen mij: 'Zie je, hij weet het hoe langer hoe minder.'

Het vonnis luidt: Alzheimer-TBS. René komt nooit meer vrij.

9

HET SCHIMMENRIJK

Elf uur in de ochtend. De afdeling is uitgestorven. Zelfs dove Klaas is aan het 'activiteiten'. Een verzorgende zit aan een tafel te schrijven en René staart bedrukt voor zich uit: 'Ik zit mijn tijd maar uit te zitten.'

Hoeveel kan een mens verdragen? René zit in een 'daklozeninternaat' en heeft al maanden geen giroafschrift onder ogen gehad. Zijn kapitaal en spullen zijn vermoedelijk in beslag genomen. Een geheimzinnige sekte houdt hem vast, maar hij kan de politie niet alarmeren, 'want de telefoon verzet zich als-ie uit is geweest.'

Tijd voor een cursus 'tellen & telefonie'. René leeft op. Hij is vastbesloten om de opbeltechniek weer onder de knie te krijgen. We gaan op bed zitten met de telefoon tussen ons in. 'Je zult merken dat het apparaat elke medewerking weigert,' waarschuwt hij alvast.

Ik neem de hoorn van de haak. 'Goed nieuws, pap. Hij doet 't.'

'Dan mogen we van geluk spreken,' zegt hij. 'Maak je een lijstje van alfabetische nummers?'

'Prima, zal ik met het mijne beginnen?' Ik schrijf mijn telefoonnummer in grote cijfers op een vel papier en zeg:

‘Lees maar voor.’ Dat doet hij. Maar niet in de juiste volgorde.

Met de hoorn in zijn hand probeert René mijn nummer in te toetsen. ‘Wie fluistert mij die foute nummers toch in?’ vraagt hij geïrriteerd. Nieuwe poging. ‘Aan wie ligt het nou? Aan mij of het apparaat? O, ik weet niks, geen fluit... mijn hemel... huppelepup, huppelekee.’ Hij geeft niet op. ‘Eén, twee, drie, vier, vijf, zes...’ oefent hij zijn rekenvaardigheid.

‘... zeven,’ vul ik aan.

‘Dat wordt wel érg veel,’ grapt René. ‘Maar vertel, wat voor dag is het vandaag?’

‘5 januari 2005.’

‘Even noteren,’ merkt hij op. En krabbelt: ‘5-01-20205.’ Kan René zijn handtekening nog zetten? Jawel, hij zet ’m denkbeeldig op de leuning van zijn stoel. Hij heeft het correct voorgedaan. Maar als ik een stuk papier voor hem leg, verstrakt zijn blik. ‘Wat is dít moeilijk.’ Hij tekent een nietszeggend krulletje. ‘Zijn we nou eindelijk klaar met het officiële gedeelte?’ vraagt hij radeloos. En valt in diepe slaap.

‘Papa, wakker worden.’

Geen reactie.

Klokslag vijf uur wordt de eetkar binnengereden. Ik sleur de slaapdronken René naar zijn vaste eetplek, tegenover Klaas, waar hij verder slaapt. Klaas wiebelt ongedurig met zijn voeten. Tjonge, wat duurt het lang. Vandaag is er maar één verzorgende, haar collega is ziek. Klaas bestudeert de placemat met bloemachtige figuurtjes, gooit er een half glas water overheen en begint enthousiast met zijn vinger te kleuren. Waterverf en een kleurplaat! Een activiteit en nog zelf bedacht ook. Klaas barst los. De tomatensoep komt als geroepen: dan krijgt het een kleurtje.

'Heb jij misschien een schaartje?' vraagt hij me met zijn zware bromstem. Dan kan hij de bloemen uitknippen.

'Nee, sorry,' antwoord ik, 'maar de zuster kan je vast wel helpen.'

Hij stapt kordaat op haar af met: 'Mag ik alstublieft een schaartje?'

'Een schaartje?' Ze kijkt hem verbaasd aan. 'Dat lijkt me geen goed idee.' Als ze de 'troep' op zijn placemat in het oog krijgt, zucht ze diep: 'Ook dat nog.' In één vaatdoekdraai is de kleurplaat verwoest en Klaas een teleurgesteld man.

René is te slaperig om zelf te eten. Ik moet hem voeren. Met zijn ogen dicht hapt hij van de lepel. 'Wakker blijven!' blaf ik in zijn oor.

'*Jao, jao, rösteg mer. Iech huur d'ch wel.*'

Soms begint René in het Limburgs tegen me te praten. Het gebeurt dat ik hem niet meer versta. '*Iech weet dat ste d'r bis,*' mompelt hij. '*Iech bin wel wakker meh iech krijg m'n ouge neet ope.*'

Waarom is René zo ver heen? Nou, hij staat al bijna een halfjaar op een fluks rustdruppelmenu om zijn onrust te bedwingen. Wat krijgt hij dagelijks zoal toegediend? Twee antipsychotica (Cisordinol en Dipiperon), een slaapmiddel (Promethazine, dat overigens volkomen uit de tijd is) en, nog steeds, het antidepressivum Seroxat. De cocktail die zijn onrust in bedwang moet houden, pakt eigenaardig uit: René ligt óf versuft te slapen, óf loopt toch nog rusteloos rond. 'De heer wandelt de hele dag en valt tussentijds in slaap,' wordt in zijn dossier genoteerd.

Halftwee in de middag. Het is muisstil in de huiskamer. De bewoners staan in de ruststand. Behalve René. Die is weer op survivaltocht.

Deze middag is hij nog verdwaald ook. Op weg naar

de bibliotheek raakte hij het spoor bijster. 'Maar jij hebt vast een plattegrond op zak,' zegt hij tegen mij. Zijn hand gaat tastend over de raamkozijnen. Verderop ontwaart hij een kast. 'Hebbes!' Hij zakt op zijn knieën, maar komt teleurgesteld overeind. 'Alles uitgeleend. Typisch Tilburg. Hé... ik hoor Maastrichts!'

'Je bént ook in Maastricht,' deel ik hem mee.

'Echt waar?' Hij staat stil voor een tafel. 'Rechte hoek... harde stof... iets van de timmerman?' mompelt hij. Er staat een kleine plant met felrode bolletjes. René buigt zich voorover om het beter te zien. 'Tomaat? Doe maar een pond. Wat ben ik u schuldig?' Zijn hand gaat al richting broekzak, maar dan ontdekt hij het memobord waarop het dagmenu staat geschreven. 'Boeren-kool-stamppot,' leest hij hardop voor. 'Dat is niet van hoi hoi, maar ik eet het wel. Trouwens, hoe laat gaat de trein? Heb jij de vertrektijden?' Met een zigzagloopje snelt hij door de gang, op zoek naar het station.

Er klinkt een flinke dreun. René is tegen de deur van het afdelingskantoor gelopen. Voor de zoveelste keer, hij botst wat af.

'Heb je je bezeerd?' vraag ik bezorgd.

'Dat valt wel mee,' zegt hij stoer. Deuren, ramen, kasten, muren, hij merkt ze niet meer op. Waarom niet? René: 'Er hangt een waas om de dingen.' Hij is in een schimmig rijk beland. 'Het ziet er allemaal zo ijl uit.' Even ijl als zijn wankele tred. 'Maar had ik niet een afspraak? Mijn hemel, met wie ook alweer? En is de brandverzekering betaald?' Hij werpt een snelle blik op zijn horloge en maakt zich uit de voeten.

Hij houdt stil voor het raam dat uitkijkt op een basisschool. Er spelen kinderen, maar René ziet ze niet. 'Het is allemaal te wazig. Maar ik hóór kinderen. Een kleuterschool? Bewaken de vaders hun kleuters wel goed? Zo wordt er nog eentje gestolen.'

Ik stel voor om een ijsje te gaan eten. Daar zegt hij natuurlijk geen nee tegen. We lopen samen naar de koelkast. 'Waar denk je dat we zijn?' test ik zijn oriëntatie.

'Wadeunkeuweu-watmersijn?' herhaalt René. 'Dat klinkt als: ga uw gang en zoek het maar uit.' Het lijkt alsof ze de helft van de tijd Chinees tegen hem spreken. Sensorische afasie, heet dit euvel in jargon: het onvermogen om gesproken taal te begrijpen.

'Wat zie je precies?' verduidelijk ik mijn vraag.

'Wat ik zie?' Hij kijkt rond. 'Eh, ik dacht iets met financiën.'

'Hier liggen je ijsjes,' schiet ik hem te hulp. 'Weet je het nu?'

Domme vraag. 'Bij de ijscoman natuurlijk. Maar vraag me niet welke.'

We nemen de ijsjes mee naar zijn kamer. Nu moet René nog in een stoel zien te komen. Dat wordt geheid een hele klus. 'Ga maar rustig zitten,' probeer ik en gebaar naar de stoel die schuin achter hem staat. 'Je stoel staat achter je,' vertel ik hem.

Pats! René heeft zich pal achterover laten vallen. Hij smakt met zijn achterhoofd tegen de kledingkast. 'Je zei toch dat er een stoel stond?' mompelt hij beduusd.

De klap is in de huiskamer te horen. Twee verzorgenden snellen toe. '*Menier Van Neer! Wat is ter gebäörd? Höb g'r uuch pijn gedoon?*'

'*Nou, iech val wel dèkser,*' relativeert de *val-proof* man.

Augustus vorig jaar viel hij voor het eerst. Het gebeurde middernacht in zijn eigen kamer. De nachtzuster kwam hem op de gang tegen, 'helemaal onder het bloed, in de kamer ook bloed. Aan linkeroog flinke wond, het spoot er zowat uit,' noteerde ze geschrokken.

Vooral 's nachts is het raak. Dan moet hij naar het toilet, loopt in het donker te zoeken met het risico dat hij valt en plast hij ten einde raad in een hoek in zijn kamer.

Daarom draagt hij 's nachts een blauwe hansop met 'plakinko', een luier voor volwassenen. 'Ze doen je een *onderlaat* om die feitelijk voor kleine kinderen bedoeld is,' vertrouwt René me toe. 'Dat is gênant.' Die onderlaat zit bovendien 'warm aan de bil'. En broeit zelfs aan de bil, alle verhalen over het indrukwekkende absorberingsvermogen van de moderne bejaardenpamper ten spijt. Wie denkt dat het wel meevalt, neme zelf de proef op de som.

René rommelt steeds vaker 's nachts op zijn kamer. Bij mensen met dementie raakt het dag-en-nachtritme dikwijls van slag. Hun biologische klok raakt beschadigd, en dat wordt erger wanneer ze te weinig buiten komen (te weinig helder licht krijgen), en omdat veel bewoners in verpleeghuizen te vroeg in bed worden gelegd.[5]

'De heer lag vanochtend op de grond naast het bed.' Februari 2005 staat het zorgdossier van René in het teken van nachtelijk onheil. 'De heer vannacht om 03.30 uur liggend op de grond achter zijn voordeur aangetroffen... De heer om 02.20 uur...' Enzovoort.

Zijn zorgcoördinator nodigt me uit voor overleg. We hebben geregeld contact over het reilen en zeilen van mijn vader. Hij vraagt mijn toestemming om René 's nachts te laten 'fixeren': vastbinden. Daarbij wordt een brede, zogeheten 'Zweedse band' om het bed gebonden (anno 2015 vinden deze praktijken nog maar weinig plaats). 'Dan kan je vader niet meer uit bed komen en dus ook niet vallen. Het is in zijn eigen belang. Stel je voor dat hij zijn heup breekt', zegt de coördinator.

René vastbinden? Ik leg het hem voor. Hij rilt bij de gedachte. 'Wat als er brand uitbreekt?' vraagt hij verontrust. Hij zit al opgesloten en nu willen ze hem nog vastbinden ook? Hij kijkt me verbijsterd aan.

Kan ik dit mijn vader aandoen? Natuurlijk niet! Trouwens, 's nachts fixeren is uit de tijd. Een bedalarmsysteem heeft de voorkeur in de moderne richtlijnen voor de verpleeghuiszorg. Met behulp van een 'sensormat' onder het matras of naast het bed krijgt de verzorgende een seintje dat de bewoner uit bed wil stappen, of al uit bed gestapt is. Dan kan ze meteen gaan kijken. En zo nodig helpen bij het vinden van het toilet. 'Waarom zou je ouderen van hun vrijheid beroven als het ook anders kan?' leg ik de zorgman uit.

Hij doet zijn best om zo'n mat op de kop te tikken. Hij struint andere zorgcentra af. Er is echter geen matje te vinden dat in Molenhof gebruikt kan worden. Jammer, want een bedalarmsysteem is een prima hulpmiddel om vallen uit bed te voorkomen.

Het is niet alleen kommer en kwel, René kan intens van kleine dingen genieten. Een kop mierzoete koffie. Gebak met slagroom. En op een middag ligt hij languit op bed naar de 'Mattheüs Passion' te luisteren. 'Je weet niet half wat voor verrassing dit is,' zegt hij als ik binnenkom. 'Ik dacht net: "Dit wordt m'n eerste kerst alleen."' Hij is er vroeg bij dit jaar. 'Hoe gaan we Kerstmis doorbrengen? Kan er een reisje vanaf of ben ik failliet?' informeert hij nieuwsgierig.

'Je hebt genoeg geld,' stel ik hem gerust. 'Zal ik je de geldkist laten zien?'

'Hoeft niet,' antwoordt hij. 'Ik heb geen ongeduld meer met mijn geld.' Hij begrijpt de inhoud van zijn geldkist toch niet meer. 'Zijn hier trouwens klokken?' vraagt hij verder.

'Ik houd de tijd wel in de gaten, pap.'

René: 'Fijn, want ik moet op tijd weg: ik heb geen licht

op de fiets. En wanneer komt oma om te kijken of ze al kunnen lezen?' Zijn ogen vallen dicht. 'Nou moet je me toch eens vertellen: krijgen we een ander pastoraat? En hoe gaat 't met het hondje?'

'Welk hondje?' vraag ik verbaasd.

'Zo'n klein gevalletje,' antwoordt hij. 'Een soort worstje.' Ollie, de eetverslaafde teckel die letterlijk door zijn poten zakte! Dat was in de tijd dat we nog een gezin vormden in Someren, meer dan drie decennia terug.

'Met Ollie gaat het prima,' deel ik mee. Die zit allang en breed in de hondenhemel.

René: 'Heeft hij een verblijfsvergunning?'

'Ollie?'

'Ja. Zijn z'n rechten goed geregeld?'

'Natuurlijk. Hij heeft een Nederlands paspoort,' stel ik hem gerust.

Hij denkt even na en vraagt: 'Heb je een *neusdroognatmaker*?' Hij komt een stukje overeind en snuit zijn neus, maar geeft de zakdoek niet terug. 'Want het is een *aangestoken handdoek*. Als jij ziek wordt, kom ik er nooit meer uit.' Hoopt hij stiekem dat ik hem ooit uit de 'sekte' kan bevrijden?

René begint aan zijn vingers te plukken. Hij heeft last van onzichtbare draadjes aan zijn vingertoppen. Heel hinderlijk. Het lijkt wel plak. Soms is hij de hele dag bezig om die kleverige substantie te verwijderen. 'In het ergste geval,' mompelt hij zacht, 'moeten we aan één van de kinderen schudden, hen wakker houden... vooral als ze te veel hebben gedronken... en waar kan ik een *deviezenmaaltijd* bemachtigen?'

'Je krijgt hier drie keer per dag een maaltijd,' vertel ik hem.

Beschaamd: 'Wat ben ik toch een sukkel. Dat hebben jullie nota bene in grote letters op de deur gezet.' Een herinnering aan Koepelhof is terug. Het affiche dat hem aan zijn maaltijden herinnerde hing in het vorige zorgcentrum, niet hier.

'En wanneer ga je de dozen halen?' vraagt René verder. Ik kijk hem niet-begrijpend aan. Hij licht toe: 'We gaan eerdaags toch verhuizen? En waar ga je ze halen? In Frankrijk, mag ik hopen? In Parijs?' Opgetogen: 'Wat leeft er toch een kráchtig leven in ons!'

Een verzorgende steekt haar hoofd om de deur. Ze heeft een weegschaal in de hand. 'Ik moet uw vader wegen.' Ze klinkt vriendelijk maar beslist.

'Heus nu?' sputter ik tegen. 'Hij ligt net zo lekker.'

Heus nu.

René komt overeind en steekt beleefd zijn hand uit. Maar als ze zijn hand wil schudden, trekt hij die ijlings terug. 'Kijk uit! Straks plakken we nog aan elkaar vast.'

'Bent u hier een beetje tevreden?' informeert ze beleefd.

'Hier? Hier?'

'Waar je nu bent. In deze kamer,' licht ik toe.

'Ik zou het niet weten,' zegt René. 'U moet weten, ik ben hier voor het eerst.'

De volgende ochtend ligt René op apegapen in een stoel in de gang. Hij heeft schokjes in zijn armen en schudt heftig met zijn hoofd. Ik trek voorzichtig aan zijn mouw. 'Goedemorgen, pap.'

Hij zwijgt en brengt zijn lege hand naar zijn mond, alsof hij aan het eten is. 'Het ontbijt staat klaar!' probeer ik hem te wekken. Hij heeft vast trek. Het is halfelf, maar hij was vanochtend te versuft om te eten.

Zal een kop koffie hem tot leven brengen? 'Lief dat je me een beker aanreikt,' mompelt hij. 'Helaas heb ik geen handen om het aan te pakken.'

Met zijn ogen dicht geniet hij van de warme drank. 'Sorry dat ik er niet helemaal bij ben,' zegt hij opgelaten. 'Thuis denk ik: Hoe kom ik in slaap? Maar hier weet ik niet hoe ik wakker moet blijven. Ik doe mijn best. Het duurt wel lang. Ik zit op de grens van de *haalbare vermoeidheid*.'

Met een scheef loopje gaat René naar zijn plek aan tafel. Slapend kauwt hij het brood dat ik in zijn mond stop. Hij doet zijn ogen even open en zegt: 'Een dag is een dag. Hij begint en hij eindigt.' Slaat razendsnel een kruisteken en vervolgt: 'Iedereen wordt hé, ho en hoi ten aanzien van zichzelf. Die hebben makkelijk praten, zij wandelen zonder mijn zware lijf. Dat kon hij in zijn luchtige geheugen opdienen. Katholieken, hè? Och, och. Wat moet ik zeggen? Het is de Maastrichtenaar van nu. De Maastrichtenaar die jaren, soms eeuwen, gevochten heeft. Met Pasen zocht men naar de slachtoffers van de burgemeester.'

Hoe krijgen we René terug in de bewoonde geest? Half februari 2005 staat René al negen maanden bloot aan de rustkamikaze, veel te lang volgens de maatstaven en gaat gebukt onder allerlei bijwerkingen. 'De heer is versuft, beweegt schokkerig,' noteert een verzorgende. Haar collega: 'Stand hoofd-nek zeer achterwaarts gebogen. Maakte ongecontroleerde stuipachtige bewegingen met armen/hoofd.' Weer een ander: 'Hing volledig scheef in zijn stoel en op toilet. Niet in staat tot zelf eten, op te staan of wat dan ook. Misschien TIA?'

Genoeg! Afbouwen die rotzooi. De dokter begrijpt dat het menens is en gaat akkoord. Hoe zal het mijn vader zonder die versuffende medicijnen vergaan?

Langzaam maar zeker krijgt René meer oog voor zijn omgeving. 'Wat hangt hier toch een *sjaggerige* sfeer,' zegt hij op een ochtend. Wat wil je, de afdeling is in rouw gedompeld.

Het vrolijke drietal is niet meer. Twee van de drie vriendinnen zijn kort na elkaar overleden. Maria is haar maatjes kwijt. Ze loopt verloren rond. Op een middag nodig ik haar uit voor een kopje koffie in het restaurant.

'Hoe oud ben ik eigenlijk?' vraagt Maria terwijl ze van de koffie nipt.

'Ik geloof al over de tachtig,' antwoord ik.

'Wat oud! Wat is het snel gegaan,' zegt ze verbaasd. 'Maar ik ben tóch gelukkig.'

Tijd voor het avondeten. We moeten terug naar de afdeling. 'Jammer, jammer,' zegt Maria. Als ze met iemand kan praten, komt ze tot rust. Anders gaat ze maar rondjes lopen. 'Alleen zijn? Vreselijk!' legt ze uit.

Na de maaltijd worden de bewoners naar de tv-hoek geleid. Maria krijgt een plank aan haar stoel bevestigd. Dan kan ze niet meer opstaan. Zo moet worden voorkomen dat ze valt, want ze loopt nogal wankel en er is niet genoeg personeel om haar te vergezellen op haar wandeltochten.

Ze wrikt geërgerd aan de plank. Het kost haar een halfuur, maar dan komt ze triomfantelijk uit haar stoel en strekt haar arm naar me uit: 'Kom.' Gezellig een stukje lopen.

Kort na het overlijden van Maria's vriendinnen sterft ook een stille mevrouw in een rolstoel. Er komen nieuwe bewoners, onder wie een tengere vrouw van Indische komaf. Zij kan maar niet wennen aan haar nieuwe verblijf. Ze loopt zoekend door de gang, tikt op de deuren en mompelt over haar zoon en vader 'die mij vandaag zo streng heeft toegesproken'.

Op een dag loopt ze per ongeluk de kamer van René in. 'Goedemiddag, wat brengt u hier?' vraagt hij haar beleefd. Ze zwijgt en kijkt met grote, verbaasde ogen rond. Pakt zijn pantoffels, voelt eraan en zegt: 'Die zijn niet van mij.' Dan pakt ze zijn pyjama. 'Die ook niet.' En het schilderij aan de muur is ook niet van haar.

René kijkt me vragend aan: wat moet hij met die mevrouw? 'Dit is uw kamer niet,' leg ik haar uit.

'Nee? Waar woon ik dan?' Ze kijkt me vertwijfeld aan. 'Ik moet mijn tanden poetsen, maar ik weet niet waar ik bén. Ik maak me zorgen om mijn kinderen.' Een zoon en een dochter. Waar ze wonen, is ze even kwijt. 'Ik zie het voor me. Maar ik kan het niet zeggen. Het is allemaal zo wazig.'

Ze kan haar draai niet vinden. Wil niet meer eten en drinken. Op tweede pinksterdag is ze dood.

Begin maart. René ziet lijkbleek. Hij is sinds het krieken van de dag non-stop aan het lopen. 'Ik ben verschrikkelijk moe,' zegt de man-zonder-medicijnen. Zijn ogen staan helder. De sufheid is weg. Maar de onrust niet. 'De heer blijft lopen, staat soms letterlijk rechtop te slapen,' vermeldt het zorgdossier.

We gaan een wandeling maken in het stadspark. René wijst naar de stromende rivier. 'Daar ligt de Jeker dag en nacht te stromen,' merkt hij op. 'Wat een heerlijk leven moet dat zijn.' Van zo'n leven kan hij alleen maar drómen. 'Ik zal blij zijn als het achter de rug is,' vertelt hij op een bruggetje waar hij naar het water kijkt. 'Ik ben zó moe. Ik zou het liefste voor de kachel zitten. Trouwens, ik heb eieren nodig. Zijn de winkels vandaag open?'

'Jazeker, pap.'

'En morgen?'

'Ook.'

'Morgen óók? Ongelooflijk. In wat voor wereld zijn we beland? Dát is nou het geheim van God.'

In de verte klinkt de sirene van een ambulance. René houdt zijn handen tegen zijn oren en roept luid: 'Kun je niet vragen of ze dat apparaat uitzetten? Sorry hoor, maar ik ben overspannen.'

René wil naar huis. Slapen. Eenmaal terug op de afdeling blijft hij toch rondjes lopen. 'Je moet rusten,' praat ik op hem in.

Hij, kribbig: 'Ja ja, morgen neem ik wel een vrije dag.'

Waarom gaat hij niet zitten? 'Omdat ik dat niet meer kán,' zegt hij geïrriteerd. Iedereen wil hem in een stoel hebben, maar hij is de zittechniek verleerd. En wat heeft hij wel niet aan zijn hoofd: hij heeft een afspraak. Maar waar en met wie? Hij moet een trein halen, boodschappen doen en de boeken van de bieb zijn weer te laat.

Vooruit, een glas chocomel slaat hij niet af. Hij maakt er in één klap een leerzame activiteit van en vraagt: 'Moeten we naar links of rechts?'

'Rechtsaf.'

'Even oefenen.' René geeft zijn gevecht tegen Alzheimer niet op. Hij zet een stap naar rechts. 'Goed gedaan? Nou moet je even helpen. Ik moet *pssjt, pssjt*,' zegt hij opgelaten. Een plas doen, dus. Waarna hij weer gaat lopen. Eindelijk gaat hij mee naar zijn kamer. René kijkt nieuwsgierig rond. 'Wat mooi,' zegt hij. 'Woon jij hier?'

'Nee, jij.'

'Ik? Je maakt een grapje.'

'Heus.'

'Hoe kan ik je bedanken?' stamelt hij geroerd. 'Een halve dag terug was ik nog dakloos. Hoe krijg je dat zo snel voor elkaar?'

'Weet je waar je bent?' informeer ik nieuwsgierig.

'Waar ik ben?'

'Ja, op dit moment.'

'O, op dít moment...' Hij kijkt peinzend voor zich uit. 'Ik denk dat ik niet beter of slechter scoor dan anderen. Ik zit, zeg maar, op het gemiddelde.'

‘Hoe gaat het met je?’ vraag ik verder.

‘Dan moet je de vraag concreter stellen. Ik weet het bij god niet.’

‘Ik bedoel: gaat ’t goed met je?’

‘Ik dacht van wel.’ Hij glimlacht. ‘Vandaag ben ik weer een stapje dichter bij de sterfelijkheid.’ Had hij maar wat afleiding. Hij kijkt me vragend aan: ‘Misschien moeten we een huisdier nemen. Wat denk jij? Een kat of hond?’

‘Wat dacht je van een paard?’ opper ik.

René kijkt bedenkelijk. ‘Dan moet je wel uitkijken dat je niet op de hoef trapt,’ zegt hij. ‘Want dan worden ze boos.’

Hij loopt van de vensterbank naar de voordeur en weer terug. ‘Ga lekker op bed zitten,’ probeer ik opgewekt.

‘Bed? Wat is bed?’ vraagt hij.

‘Waar je op slaapt.’

‘Is hier dan een bed?’

‘Je staat er zelfs vóór.’

Even later probeer ik het opnieuw: ‘Wil je niet op bed zitten?’

‘Wanneer dan?’ vraagt hij.

‘Nu bijvoorbeeld.’

‘Wat is nou-neu-beu-te-lu?’

We staan te stuntelen bij het bed. Eindelijk, hij zit! Zijn blik valt op mijn notitieblok. Hij vraagt: ‘Wat ben je aan het schrijven?’

‘Een boek over jouw nieuwe werkelijkheid,’ antwoord ik.

‘Vertel je ook hoe erbarmelijk het is?’ Hij dicteert: ‘Schrijf maar op: “Gedrag handhaven! Heer moet weg! Heer heeft geen zin meer! Heer is kandidaat-probleemgenieter!”’ Hij drukt zich onverwacht van het bed af en zwaait vervaarlijk op zijn benen. ‘Hemeltjelief, ik kan *van deze patstelling geen achterdwang* meer maken.’ En weg is hij.

'Waar blijf je nou?' klinkt het even later op de gang. René staat voorovergebogen bij een mandje met knuffels. Hij is met een pop aan het discussiëren. 'U vergist zich,' zegt hij in stijgende opwinding. 'Pedagogiek is een erkend vak.'

Wat zegt de pop terug? René luistert ingespannen. Hij drinkt uit een denkbeeldig kopje en steekt een denkbeeldig vorkje met taart in de mond.

'Er komt anders maar weinig uit, uit die enquête,' vervolgt hij. 'Sorry, ik moet gaan. Er zitten drie collega's op me te wachten.' Hij hervat zijn tocht en morrelt aan een deurklink. Ik tik op zijn schouder en vraag: 'Zoek je wat?'

'Ja. Een partner. Ik dacht lang dat ik zonder kon, maar nee. Ik kan het niet meer in mijn eentje aan.'

'Heb je een contactadvertentie geplaatst?' vraag ik met een knipoog. Maar hij begrijpt het grapje niet. Hij kijkt me verdrietig aan en zegt: 'Vraag me niet zoveel, want ik weet zo weinig meer.'

'De heer loopt zo ver naar achteren dat hij elk moment achterover kan vallen,' vermeldt zijn zorgdossier. René: 'Het lijkt wel alsof iemand mij steeds naar achteren trekt.' De al zo getergde man heeft er weer een probleem bij. Ongerust kijkt hij om zich heen. 'Hoeveel spoken tel jij?' Hij vermoedt dat er zich minstens tien plaaggeesten in zijn nabijheid ophouden.

Op een avond dreigt acuut valgevaar en wordt hij voor de zekerheid in een rolstoel gezet. Zijn handen zijn verkrampt en hij praat met dikke tong. Afkickverschijnselen van de antipsychotica? Of 'houdingsapraxie'? Dan ben je 'vergeten' hoe je moet staan.

De scheefheid trekt bij, maar de onrust blijft. Hij loopt uren achter elkaar en valt soms wel twee keer per dag. Ik heb René beloofd dat hij niet vastgebonden zal worden.

Maar wat dan? De dokter van het verpleeghuis is op vakantie. Half maart stelt zijn vervanger voor om het slaapmiddel Promethazine, dat hij nu alleen 's avonds krijgt toegediend om te kunnen slapen, ook overdag te verstrekken. Maar liefst vier keer per dag.

Het is een vicieuze cirkel. René loopt veel en valt vaak. Om vallen te voorkomen, kan hij maar beter in een stoel blijven zitten. Maar met rustverstrekkers in zijn lijf neemt de kans dat hij valt toe.

Nou ja, er moet iets gebeuren. En René heeft toch ook zijn heupbeschermers aan. Die blijken effectief om heupfracturen te voorkomen, mits ze consequent worden gedragen.

Dinsdag, 22 maart 2005. 's Middags rinkelt mijn mobiele telefoon. René is weer gevallen. Het gebeurde nadat ze hem op bed hadden gelegd, want hij was doodop. Hij kwam weer overeind, is waarschijnlijk door zijn kamer gaan sjokken en viel tegen de kledingkast.

'Zo te zien valt het mee,' zegt de verzorgende die belt. 'Hij heeft een wondje aan het oor. We hebben er een zwaluwstaartje in gemaakt. En hij zit in een rolstoel om bij te komen.'

's Avonds om kwart over zeven gaat de telefoon opnieuw. Het is een vervangster van de verpleeghuisarts. 'Die val vanmiddag lijkt bij nader inzien ernstiger dan gedacht,' deelt ze mee. 'Misschien heeft hij zijn heup gebroken.'

Heup gebroken? Als hij dát maar overleeft.

De ambulance is besteld, maar René moet nog drie uur wachten voordat hij wordt opgehaald. 'Hij is geen spoedgeval,' vertelt een medewerkster van het ziekenhuis als ik poolshoogte neem. Pas om kwart over tien arriveert de ambulance.

Drie kwartier later komt het gevreesde bericht: heup gebroken. René had zijn heupbeschermers niet aan, 'vergeten,' mompelt een van de verzorgenden.

De volgende ochtend haast ik mij naar het Academisch Ziekenhuis Maastricht. René ligt in een blauw ziekenhuisjasje aan het infuus. Hij deelt zijn kamer met een oude man die eveneens zijn heup heeft gebroken.

'O, moeder, ik wil zo graag naar huis,' zegt René als hij me ziet. Hij grijpt de lakens vast, zwaait met zijn armen en kijkt me angstig aan. 'Pas op! Onder de appelboom! Hongaarse oorlogsmisdadigers!'

Een jonge verpleegkundige loopt zijn kamer in. 'Goedemorgen, meneer,' zegt ze opgewekt. 'Hebt u al pijnstillers gehad?'

Geen reactie.

'Ik kan geen contact met hem krijgen,' deelt ze mee. 'Hij reageert niet op vragen. Hoe komen we te weten of hij pijn heeft?'

Mensen met dementie krijgen dikwijls te weinig pijnstillers toegediend. Daardoor lijden ze meer pijn dan nodig is. Artsen en verpleegkundigen zijn niet goed in staat om pijnsignalen bij mensen met ernstige dementie te herkennen, zo blijkt uit onderzoek.[6]

Ik doe de verpleegkundige een spoedcursus Alzheimer Communicatie cadeau. Ga vlak bij de patiënt staan, pak zijn hand vast, noem zijn naam, kijk hem in de ogen. Gebruik eenvoudige zinnen. Geen dubbele informatie in één zin. Als hij niet reageert, even wachten en de vraag opnieuw stellen. 'Het kan ook geen kwaad mijn vader te vertellen dat hij in het ziekenhuis ligt en dat jij de verpleegkundige bent,' geef ik haar nog mee. 'En houd er rekening mee dat hij pijn heeft maar dit niet kan vertellen.'

René brengt zijn hand naar zijn mond en begint te

kauwen op een denkbeeldig zoutje. 'Ik heb niets gegeten.' Hij moet nuchter blijven voor de operatie. 'Ze kunnen me wat,' zegt hij opstandig. 'Ik ga naar huis.'

'Je kunt niet lopen, pap.'

'Weet ik. Grapje,' zegt hij met een grimas. Want wat valt er te lachen? René voelt zich ellendig. 'Ik heb geen enkele greep meer op de situatie. Elk moment kan er wat fout gaan en daar kan ik niets aan doen.'

'Hoe kan ik je blij maken?'

'Door jezelf vrolijk te voelen als je bij me bent,' antwoordt hij.

Om zes uur 's avonds gaat hij op een brancard door de patiëntensluis. Er moet een kophalsprothese in zijn heup worden aangebracht. Hij heeft zevenentwintig uur op de operatie moeten wachten. Te lang voor de veilige termijn: een gebroken heup moet binnen vierentwintig uur geopereerd worden. Anders is er kans op complicaties.

René komt bij uit de narcose. Hij ligt te schudden en te schokken in het ziekenhuisbed. Komt niet meer uit zijn woorden, behalve: 'Hij heeft bij vlagen pijn.' Er is een katheter ingebracht. Een hinderlijk slangetje, hij probeert het los te trekken.

René vindt zichzelf terug in een vreemd bed, in een vreemde, steriele omgeving, met slangen aan zijn lijf en een verband op zijn heup. Wist hij maar waarom! Dat hij zijn heup gebroken heeft, is immers informatie die niet opgeslagen is. Hij moet er steeds aan herinnerd worden. Het is geen feest in het ziekenhuis. Er is amper hulp bij het eten. De familie moet een rooster opstellen, anders dreigt mijn oud-researcher ondervoed te raken.

'Wat is de zin van het zo alleenzijn,' vraagt hij me vertwijfeld. 'Hoelang duurt deze nachtmerrie nog?'

De dokter heeft slecht nieuws: René heeft vocht in

de longen, hij plast te weinig en zijn hart is vergroot. Hij moet aan de zuurstof. Er zit een groen kapje op zijn mond en neus dat met een slangetje verbonden is met het zuurstofapparaat.

'Pas op, ik val! Help help!' Op een middag hapt René amechtig naar adem. Ik spurt naar de hoofdverpleegkundige en vraag of hij komt kijken. 'Is dit normaal?' vraag ik bezorgd. 'Hij heeft het wel érg benauwd.'

Het hoofd antwoordt dat ik hem niet zo moet opjagen. Gelukkig is er een alerte arts die het niet vertrouwt. 's Avonds gaat hij voor de zekerheid nog even kijken naar René. Hij slaat meteen alarm. René is aan het 'boezemfibrilleren': zijn hart is volledig van slag.

Midden in de nacht rinkelt mijn telefoon. Het ziekenhuis. Zijn situatie is kritiek. Kom ik afscheid nemen? De wakkere specialist slaagt er echter in zijn leven te redden. Iedereen blij, René zelf ook? Was hij helder geweest, dan had hij vast gezegd: 'Jullie wisten toch dat ik een wilsverklaring heb getekend: gelieve niet te revalideren!' Tja, helemaal vergeten...

10

DE ONBEWOONDE GEEST

Maastricht, zorgcentrum Molenhof, augustus 2005. René staat in zijn rolstoel bij de televisie geparkeerd. Blij verrast strekt hij zijn handen naar me uit. 'O, engel,' zegt hij geëmotioneerd. 'Ik zat nét aan je te denken. Je weet niet half... een paar dagen geleden was ik in een wanhopige fase. Ik geloofde er niet meer in... dacht dat ik hier nóóit meer uit zou komen.'

'Waar woon je dan?' vraag ik mijn vader.

'In een hotelletje,' verzucht hij. 'Ik vrees zelfs dat ik in een reclameproject figureer. Maar moet jij niet werken?'

'Jij bént mijn werk, pap. Ik schrijf een boek over dementie.'

'Jij ook al?' Hij schudt zijn hoofd. 'Hebben we het over dezelfde dimensie? Ik dacht dat ik ook met een dergelijk onderzoek bezig was... zie je, het loopt gierend uit de hand. Ik moet de zaken béter coördineren.'

Een wonder dat hij er nog is. De heupoperatie, een longontsteking en hartproblemen, René heeft het allemaal doorstaan. 'Het was een moeilijke zomer,' pleegt hij te zeggen. Maar vraag hem niet naar de details. Dat is het voordeel van Alzheimer: je bent gezegend met het vermogen om de ergste verschrikkingen meteen achter je te laten.

Met een flinke doorligwond en ingevallen gezicht werd René weer bij Molenhof afgeleverd, inclusief het label: 'Niet-revalideerbaar'. Men redeneert dat ouderen met dementie toch niet meer kunnen leren lopen. Wel zo goedkoop. Renés fysiotherapie beperkt zich tot drie keer per week een halfuurtje gaan staan aan de rand van zijn bed. De oefening is bedoeld voor het zorggemak.

Aan het team in Molenhof de 'eer' hem weer op te lappen. En dat doen de verzorgenden met veel toewijding. Uiteindelijk krijgen ze de doorligwond er helemaal onder. René is ze dankbaar, maar zij kunnen niet goedmaken dat hij van zijn hoogste goed, de zelfbeschikking, is beroofd. Hij is 'overgeleverd aan alles en iedereen. Jij hebt tenminste nog een keuze. Je kunt je spieren nog bewegen. Ik moet maar afwachten waar ze mee komen. Maar misschien moet ik het positief zien,' beurt hij zichzelf op. 'Elke dag is een verrassing.'

René zit vele uren per dag maar wat voor zich uit te staren. En maar piekeren. 'Waar ben ik, met wie, en wat is de bedoeling? Daar ben je de hele dag druk mee.'

'Pap, je moet het accepteren,' moedig ik hem aan. 'Je wereld is veranderd.'

'Wat je zegt: de samenstelling van de bevolkingsgroepen verschuift. Daar moeten we rekening mee houden. En ik heb geen kaartje voor de trein, neem ik aan?'

'Wil je weg?'

Verbijsterd: 'Hoezo, zou ik weg kunnen? Ik kan toch niet lopen? Grapjas!'

Wat is René goed bij! Zelfs de woorden verhaspelt hij niet meer. Wat wil je: hij is eindelijk dementiedrugsvrij. Na zijn gebroken heup kreeg hij nog tweemaal per dag een slaapmiddel toegediend. Pas in juni is de 'slaapkuur' gestaakt. Een heel jaar lang heeft mijn vader in een roes geleefd. Nu mag hij eindelijk zichzelf weer zijn. Iedereen geniet ervan. 'De heer is alert in de omgang en heeft praatjes voor vijf. Het stoppen met de Promethazine heeft een positief effect,' vermeldt zijn zorgdossier.

Vijf uur 's middags. Daar is de eetkar weer. René merkt de verzorgende die de maaltijd serveert niet op. Hij schrikt van de vliegende schotel die uit het niets op tafel lijkt te landen. Staart naar het dampende voorwerp en vraagt: 'Wat wordt precies van mij verwacht?'

'Eten. Er staat een maaltijd voor je neus,' leg ik hem uit.

Ik buig zijn gebalde hand open, leg de vork erin en breng zijn hand naar zijn mond. Na twee keer voordoen, stort René zich vol verve op de maaltijd. Even later is hij de draad weer kwijt. Hij staart naar de vork en vraagt: 'Is dit een instrument voor zelfregistrerende apparatuur?'

'Hij heeft de laatste tijd slecht gegeten,' zegt een van de twee verzorgenden in het voorbijgaan. Bij zijn entree in Molenhof woog René 76 kilo. Een jaar later is hij zestien kilo lichter. 'Zelfs de pudding,' zegt ze, 'liet hij staan.' En dát wil wat zeggen.

'Waarom eet hij nu wel goed?' vraag ik haar.

'Omdat u vertrouwd bent,' antwoordt ze. 'Hij hoort hier steeds vreemde stemmen.' En omdat er te weinig hulp is.

Twee tafels verder worstelt mevrouw Simonse met een vork. 'Is het gedaan met het eten?' vraagt de verzorgende haar. 'Heeft het gesmaakt?'

Mevrouw Simonse knikt beleefd. Wég is haar halfvolle bord.

De volgende dag, halféén 's middags. Het is wachten op de lunch. René is geparkeerd aan een tafel met uitzicht op een hoge houten wand.

De afdeling heeft een verbouwing achter de rug. Om het keukenblok zijn hoge houten wanden opgetrokken. Een deur verspert de bewoners de toegang tot het aanrecht, de kasten met brood en hun *eetbewaarapparaat*. Het culinaire fort is opgericht voor de 'veiligheid' van de bewoners. Als er geen personeel is, gaat die deur ook op slot.

René tuurt nors naar de wand. Wat scheelt hem? 'Ik heb weer eens een foutje gemaakt. Een afspraak vergeten. En de telefoon doet het niet,' moppert hij. Er is echter een urgenter probleem: 'Ik moet naar de wc. Dat klinkt simpel. Maar het is een heel gedoe.' Hij moet eerst de aandacht van een verzorgende zien te trekken. Zijn verzoek formuleren. Afwachten of de verzorgende in de gelegenheid is om hem te helpen. Dan moet de tillift van één verdieping hoger worden gehaald. Dat kan wel even duren. Vervolgens wordt René met behulp van de tillift op het toilet gehesen. Dan is het vaak al te laat. 'En er staan altijd vrouwen te loeren,' beklaagt hij zich bij mij. 'Dan kan ik het niet meer.'

'Mijn vader moet naar de wc. Kun je helpen?' vraag ik de verzorgende. Zij staat er vandaag alleen voor. Natuurlijk kan ze niet voldoen aan het verzoek: ze moet de bewoners helpen met de lunch.

René heeft het niet meer. 'Ik ken mezelf,' kreunt hij. 'Over een kwartier heb ik een enorme aandrang. Dan houd ik het echt niet meer.'

'Zeg maar dat hij een doek om heeft,' adviseert de verzorgende.

'Pap, je moet het in je broek doen,' deel ik mee.

René: 'Wat is dit voor hotel? Het is mooi geweest: pak de boel maar weer in.'

‘We gaan eerst uit eten,’ probeer ik hem af te leiden. ‘Ik heb een tafeltje voor twee gereserveerd in een exquis restaurant.’

Een tafeltje voor twee? Jazeker. Om hem te laten aansterken kan René ook ’s middags een warme maaltijd genieten in het restaurant, als er tenminste iemand is om hem te helpen. Zodoende krijgt mijn vader met enige regelmaat twee keer per dag een warme maaltijd. Het lijkt wel een driesterrenhotel. Maar vandaag staat zijn hoofd niet naar eten. Hij kan maar aan één ding denken: een toilet! ‘Een boom is ook goed,’ zegt hij smekend. ‘Breng me maar naar de tuin.’

Drie kwartier later zit hij eindelijk op de pot. Hij slaakt een luide kreet. ‘Wat is er aan de hand, meneer Van Neer,’ vraagt de verzorgende geschrokken.

René: ‘Ik moest mijn woede even kwijt.’

Als de plasbeurt achter de rug is, verkennen we samen het hotelletje. Ik duw zijn rolstoel naar een zitje in de entree. Als we een hoek omgaan, steekt René zijn arm uit. Het verkeer regelen, dat kan hij nog prima. In zijn rolstoel zit hij uit te blazen van de narigheid. ‘Ze helpen of ze helpen niet. Punt. En wie loopt achter mij?’ vraagt hij plots bezorgd. Daar heb je het weer: een halve seconde terug wist hij nog wie zijn rolstoel duwde. Nu is hij het kwijt. Dat overkomt hem steeds vaker.

We passeren de postbussen van de bewoners. Zullen we even in die van hem kijken? René: ‘Laat maar zitten. Die zit toch op slot.’ Wat moet hij trouwens met al die ziekenhuisrekeningen? Zijn banktegoeden zijn immers geconfisqueerd.

We staren naar buiten. Een man met een grote rode helm op het hoofd parkeert zijn bromfiets. ‘Pap, vertel: wat zie je precies?’

‘Wat ik zie?’ Hij tuurt ingespannen. ‘Een rode bal.’

‘Verder?’

‘Wat betekent verder?’

‘Zie je nog andere dingen behalve die rode bal?’

‘Nee,’ zegt hij beslist. ‘Zullen we gaan? Ik houd niet van voetbal.’ Is er nou heus geen leukere activiteit te bedenken? Ik druk een verdwaalde *Story* in zijn hand. Hij mag raden wat voor tijdschrift het is. Dat laat mijn oud-researcher zich geen twee keer vertellen. Hij onderwerpt de kaft aan een grondige inspectie. ‘Story,’ leest hij hardop voor. ‘Dat betekent snoep.’ Enthousiast: ‘Het probleem is dat je er niet aan moet beginnen, anders kun je niet meer stoppen. Als je één hapje neemt, is het al te laat.’

Vanwaar de associatie met snoep? Op de cover staat in grote letters: ‘Snoepdieet – smul je slank met chocola.’ Zijn eindconclusie luidt: ‘Het is een dieetgids.’ Hij zwelt van trots. Zie je dat hij ook nog wat kán.

Hij speelt met een blikje cola in zijn handen. Is even kwijt hoe daaruit te drinken. Ik breng het blikje naar zijn mond. ‘Fijn dat er iemand is die aanwijzingen geeft,’ zegt hij dankbaar. Hij neemt een flinke teug en overhandigt het blikje aan mij met de woorden: ‘Eerlijk delen. En vertel nou eens wat leuks.’

‘Het is augustus 2005,’ probeer ik opgewekt.

Zijn gezicht betrekt. ‘Waarom zeg je dat nou?’ zegt hij sip. ‘We hadden toch afgesproken dat we ons van zulke zaken niets meer zouden aantrekken?’ Toch trekt hij het boetekleed aan. ‘Arme lieverd, jij kunt het niet helpen,’ zegt hij. ‘Ik heb namelijk een aandoening. Geen schizofrenie of zo. Het is wat anders.’ Hij denkt diep na: ‘Afkalving van de intelligentie. Heel beklemmend.’

Ik breng René terug naar zijn afdeling en parkeer zijn rolstoel naast die van Maria. Als ik aanstalten maak om te vertrekken, pakt hij mijn arm stevig vast. ‘Laat me niet alleen in deze ongecontroleerde warboel,' zegt hij smekend.

'Pap, morgen ben ik er weer,' probeer ik opgewekt.

'Morgen? Hoe weet ik nou waar ik morgen ben? Zo gaat het altijd. In vier van de vijf gevallen lopen zulke afspraken mis.'

Maria legt haar hand op de zijne en kijkt me veelbetekenend aan: ga maar, ik troost hem wel. Wat is zij verzwakt! Ze heeft een probleem met haar kunstgebit waardoor ze moeite heeft met kauwen. Haar ogen staan verdrietig. Ze zit de hele dag in haar rolstoel, hunkerend naar menselijk contact. Maar vraag je hoe het met haar gaat, zegt ze: 'Fantastisch.'

Als ik de volgende ochtend binnenkom, hoor ik: 'Zúster!' Het is mevrouw Harmens die nog niet zo lang op de afdeling verblijft en in een rolstoel zit. Een stevige vrouw met een breed, markant gezicht.

'Zúster!' roept ze ongeduldig. Maar die is nét iemand op het toilet aan het helpen. 'Wat kan ik voor u doen?' vraag ik haar.

'Dank u, zuster. Kent u misschien Jean? Jean, mijn broer,' licht ze toe. 'Als u hem toevallig ziet, vraagt u dan of hij eens langskomt? Ik ben zo eenzaam.'

Rond lunchtijd klinkt het weer: 'Zúster, zúster. Die man zit steeds te hoesten.' Mevrouw Harmens wijst naar Klaas. 'Maar als ik er wat van zeg, luistert hij niet.'

Ná de lunch, tijdens de Alzheimer-siësta: 'Zúster!' De dienstdoende verzorgende snelt toe. 'Zuster, waarom zit ik hier in het donker?'

'Omdat u moet rusten,' antwoordt de verzorgende.

'Maar zuster, we zijn toch geen kinderen?' werpt de bewoonster tegen.

'Dat zeg ik ook niet. Maar u moet rusten. En stop nou met praten, u maakt de anderen nog wakker.'

'Omdat zíj willen slapen, moet ik ook in het donker?' roept mevrouw Harmens verbijsterd. 'Wat is dit voor tehuis?' Ze tikt tegen haar voorhoofd en zegt: 'Zuster, u bent geschift!'

De 'zuster' tegen mij: 'Ze is heel lastig. Dat is hinderlijk voor de andere bewoners. Niemand wil naast haar zitten. Ik zal haar zo een pilletje geven. Maar we krijgen haar niet goed ingesteld.'

Mevrouw Harmens moet aan de 'rustmedicatie' en wordt vaak aan een eenpersoonstafeltje geparkeerd. Met de rug naar iedereen toe. Vanachter haar 'straftafeltje' staart ze triest door het raam. 'Ik ben een ziek en oud mens. Dat besef ik en dat komt hard aan,' antwoordt ze als ik haar vraag hoe het gaat. 'Ik heb artrose en een boel andere kwalen. Mijn lichaam doet overal pijn. Het is moeilijk als je zo weinig meer kan. Ik wil niet klagen... nou doe ik het toch... ik verlang naar iemand die naar me luistert.'

Toch heeft ze het meest te doen met haar medebewoners. Ze noemt hen 'arme stakkers. Ik zou ze graag een cadeautje willen geven. Een boek, muziek, misschien wat te snoepen, wat ze maar willen.'

Korte tijd later hangt ze als een geknakte struik in haar rolstoel, precies zoals René op diezelfde medicijnen reageerde. Ook zij is te versuft om zelf te kunnen eten. Op een ochtend kan ze niet meer op haar benen staan. De krachtige vrouw ligt dood te gaan op bed. 30 Augustus wordt ze bediend. Haar zus zit aangeslagen naast haar bed. 'Het is begonnen met die medicijnen om rustig te worden,' vertelt ze mij. 'Ze heeft vroeger al eens een beroerte gehad en nu heeft ze er waarschijnlijk weer een kleine beroerte bij gekregen. Maar ja, je hebt geen keus. Ze was nogal lastig.'

Eén dag later. In het restaurant wordt gekiend en op steenworp afstand ligt mevrouw Harmens in haar eentje dood te gaan. Boven haar hoofd hangt een foto van haar overleden man. Tot hun verdriet bleven de twee kinderloos.

Ik ga zitten op de stoel naast haar bed. 'Mevrouw Harmens, ik kom afscheid nemen.' Ze heeft haar ogen dicht. 'U hebt medicijnen voorgeschreven gekregen waar u niet tegen kunt, zoals zoveel van uw lotgenoten. Ik beloof u dat ik dit aan de kaak zal stellen. Uw dood is niet vergeefs,' vertel ik haar. Natuurlijk kan ik het niet bewijzen. Maar zag ik niet met eigen ogen hoe zij op de medicijnen reageerde?

Ze begint onrustig te bewegen, glimlacht, en knijpt in mijn hand. Vier dagen later wordt ze levenloos uit het zorgcentrum weggedragen.

René is niet bang voor de dood. 'Integendeel,' zegt hij op een dag. 'Ik verlang ernaar.' We zitten op zijn kamer naar muziek te luisteren.

Tegenover de buitenwereld houdt René zich flink, maar innerlijk is hij vaak wanhopig. Daar wil hij mij niet mee belasten. Hij kampt met een groot schuldgevoel: hij heeft mij, zijn dochter, meegesleept in een uitzichtloos avontuur. Eén voor één zijn z'n vaardigheden ondermijnd: zijn intellect, de communicatie met anderen, het vermogen te eten, lopen, denken, lezen, schrijven, apparaten bedienen, naar het toilet gaan, de beelden op de tv interpreteren, je veters strikken, namen onthouden. 'Het is een gevecht dat ik verlies,' merkte hij eens op. Toch blijft hij knokken en weigert het bijltje erbij neer te gooien. Maar hoeveel kwaliteit heeft zijn leven nog?

Niet alleen het fysieke ongemak breekt op. Alzheimer is vooral psychisch zwaar, zegt René: 'Ik kan niet meer voor- of achteruitkijken. En als ik wat denk, ben ik het meteen weer kwijt.' De grote leegte. Wat nog rest aan herinneringen zijn brokstukjes die zich lukraak, zonder enige samenhang of betekenis, aan hem presenteren. Ze lossen snel weer op. Hij omschrijft zijn gedachten als 'luchtige souvenirs'. De toekomst kan hij niet overzien, zelfs de dag van vandaag is één groot vraagteken: waar is hij? Waarom? Wat wordt er van hem verwacht? Wat ziet hij over het hoofd? De momenten gaan voorbij zonder dat hij er ook maar eentje weet vast te houden. De chaos is overweldigend en totaal. Zie daar maar eens de controle over te houden! Het is een angstaanjagend vacuüm. 'Niets meer om je aan vast te houden,' merkt hij op. 'Het is net alsof je steeds minder bestaat. Voor een mens alleen is het niet te dragen.'

Zó wilde René niet aan zijn einde komen. Twintig jaar geleden heeft hij een levenstestament/euthanasieverklaring getekend. Hij kwam me persoonlijk een kopie brengen, zo belangrijk was deze verklaring voor hem.

De tekst luidt: 'Wanneer ik te eniger tijd door ziekte, ongeval of welke oorzaak ook in een lichamelijke en/of geestelijke toestand kom te verkeren, waaruit voor mij geen herstel tot een redelijke en waardige levensstaat te verwachten is, wens ik

a dat op mij geen middelen of technieken zullen worden toegepast die bedoelen de fysieke levensprocessen in mij te onderhouden of te verlengen;
b dat op mij geen middelen of technieken zullen worden toegepast die bedoelen mijn bewustzijn te onderhouden of op te wekken;
c dat op mij euthanasie wordt toegepast.'

En mocht hij geestelijk niet meer in staat zijn om te overleggen met een arts, dan 'moet deze verklaring als mijn uitdrukkelijke wens worden opgevat'. Helaas, het document kan de prullenbak in. René is immers 'wilsonbekwaam', niet meer bij 'zijn volle verstand'. In dat geval kijken bijna alle artsen weg.

Zelfs het recht op een zelfverkozen einde wordt René ontnomen.

René zei het al: 'Het stempel dementie is een vrijbrief om iemand zijn burgerrechten te ontnemen.' Op alle fronten worden de rechten van mensen met dementie geschonden. Ze worden van hun vrijheid, privacy, zeggenschap en zelfbeschikking beroofd. Velen van hen werden vastgebonden – anno 2015 is dit gelukkig verleden tijd – of met, soms dodelijke, medicijnen behandeld. Anno 2015 is *die* praktijk helaas nog niet veranderd, zie hoofdstuk 12.

Een zondagmiddag in september. René geniet van de warme maaltijd in het restaurant. 'De boontjes zien er verfijnd uit,' merkt hij op. En de koffie is heerlijk.

'Heb je de vork goed vast?' vraag ik.

'Op dit moment wel, maar ik weet niet hoe dat over een jaar zal zijn.'

Als ik een stuk brood in zijn mond wil stoppen, schudt hij zijn hoofd. 'Ik neem het niet,' zegt hij beslist. 'Zolang ik zelf kan eten, doe ik het ook zelf. Toch bedankt voor het aanbod.'

De maaltijd vergt het uiterste van zijn concentratie: op de achtergrond klinkt luide muziek. Onbekenden passeren zijn tafel, maar ze begroeten hem joviaal. Sommigen schudden zelfs zijn hand. Er ligt allerlei bestek voor zijn neus, welke moet hij kiezen? Zijn bord staat scheef, zodat hij er 'schuin moet inschieten.' En af en toe krijgt hij aandrang: 'Is het wc-probleem nou nóg niet opgelost?' Onder deze zware omstandigheden probeert René zo keurig mogelijk te eten. 'Doe ik het wel goed?' vraagt hij onzeker.

'Je doet het geweldig, pap.'

Hij glimt van trots. Zijn dag kan niet meer stuk.

Na het eten gaan we buiten in het zonnetje zitten. 'Pap, ben je gelukkig?' informeer ik nieuwsgierig.

René denkt na en zegt: 'Daar ben ik meestal te moe voor.' Hij neemt een teug van zijn koffie met zesdubbele suiker en vraagt: 'Waar zijn we nou precies?'

'Wat denk je, pap?'

'Utrecht.'

'Nee, Maastricht.'

'Maastricht? En wat gaan we doen? Ik vind het gênant, maar ik heb geen dagprogramma bij de hand, zelfs geen reglement van deze instelling. Ik laat het graag aan jou over.'

Vanmiddag buigen we ons over het eisenpakket van René, de 'eislijst' zoals hij het noemt. Ik heb zijn eindconclusies op papier gezet. De kop luidt: 'Als ik het voor het zeggen had...'

1 komt er een staatssecretaris voor de emancipatie van burgers met Alzheimer.
2 wordt ons land dementievriendelijk.
3 staan ónze wensen centraal in de zorg.
4 wordt het 'Juliana-model' ingevoerd: ieder een eigen begeleider.
5 hebben wij recht op privacy.
6 hebben wij recht op vrijheid.
7 hebben wij zeggenschap over eigen leven en tijd. Wij zijn niet wilsonbekwaam.
8 komt er een verbod op rustmedicatie.
9 krijgen wij en onze mantelzorgers zorg op maat.
10 hebben wij recht op vrijwillige euthanasie.

René luistert ingespannen. 'Je brengt het zó enthousiast,' zegt hij glunderend, 'dat ik denk: het zit wel goed.'

We zitten arm in arm, intens geborgen, onze gezichten tegen elkaar aan. 'Lekker warm,' mompelt hij tevreden. 'Zó is het leven weer de moeite waard... dingen die gezamenlijk zijn, helpen ons. Laten we proberen een veilige toevlucht voor elkaar te zijn. Een ontmoeting met een ander is voor mij van een extatische waarde.'

De diepste behoefte van mensen met dementie is de nabijheid van een begripvolle ander. Iemand die je vergezelt door de donkere nacht van de onbewoonde geest. Om met René te spreken: 'Voor een mens alléén is dit niet te dragen.'

'Prinses Juliana had constant een verzorgende om zich heen. Precies zoals het hoort. Het Juliana-model, lees: een-op-eenzorg, zou standaard moeten zijn,' licht ik de eislijst toe. 'Antipsychotica moeten worden verboden voor mensen met dementie, en in plaats daarvan recht op vrijheid, op zelfbeschikking, op goede zorg en een volwaardige plek in de maatschappij.'

René wrijft in zijn handen. 'Eindelijk positief nieuws! Zullen we meteen beginnen? En wanneer is het allemaal rond?'

'Dat kan nog wel even duren,' temper ik zijn enthousiasme.

René was er al bang voor. Hij en zijn lotgenoten hebben nog een lange weg voor de boeg. 'Het liefste zou ik thuis zijn,' zegt hij. 'Dat lijkt me een paradijs. Maar ik moet zeggen, het is wél een nuttige ervaring.'

11

DE BEVRIJDING

Maastricht, 3 februari 2007. 'Opgenomen in een boek waar ik hélemaal niets van wist.' René zegt het met een lach. Hij wrijft over het raadselachtige boekwerk met zijn foto op de kaft. 'Ik weet er niets van.'

De overhandiging van het 'eerste' exemplaar van *Ik heb Alzheimer* is elke keer opnieuw een verrassing. 'Hoe kan dit?' vraagt mijn vader ook vandaag weer blij verrast. Hij zit in zijn rolstoel in zijn kamer.

'We hebben het sámen gemaakt,' leg ik uit.

René: 'Samenwerking...'

'Is belangrijk?'

Mijn vader knikt. 'Ja, daarom alleen al! En hoelang was je hier mee bezig?'

'Drie jaar.'

'Ik vind het van belang... zou graag in contact komen met... is het een man of een vrouw?'

'Bedoel je de schrijver van het boek?'

'Ja!'

'Maar dat ben ík, pap. Ik ben de auteur.'

Het boek is ongemerkt uit mijn vaders handen gegleden. De aandacht gaat nu uit naar de foto's op de kledingkast. Zijn blik valt op het portret van mijn moeder. 'Marijke!'

Zijn ogen vallen dicht. Tien minuten later schrikt hij wakker en kijkt me verbaasd aan.

'Je was in slaap gevallen, pap.'

Hij grijnst. 'Wat zou ik ánders moeten?' Vijf minuten later: 'Het belangrijkste is dat ik boeken schrijf. En dat doe ik met mijn réchterhand.'

'René?'

'Jaha...'

'Heb je zin in een kopje koffie?'

'Nee, absoluut niet. Want ik heb verschrikkelijke zin...'

'Zin in wat?'

'Verschrikkelijke zin in koffie.'

Er zijn alweer vijftien maanden voorbij, na de verschijning van ons boek. Maanden waarin het bergafwaarts is gegaan met René. Infecties en kwaaltjes volgden elkaar op. Blaasontsteking. Luchtweginfecties. Problemen met slikken. En pijn, veel pijn aan zijn voet en been. 'Ik heb zo'n pijn aan m'n pijn.'

Misschien nog wel erger is de leegte, het geestelijke drijfzand. 'Ik weet niets meer, ábsoluut niets meer,' is zijn favoriete uitdrukking. Het grootste deel van de dag is hij op zichzelf aangewezen. Dat valt niet mee, zegt hij: 'Besognes...piekeren.'

'Wie is hier de leidsman? Zijn er mensen die ik van vroeger ken? Ben jij getrouwd? Wie brengt me thuis?' In het restaurant in het zorgcentrum vuurt mijn vader vragen op me af.

Omdat René zich graag nuttig maakt, begint hij alvast de tafel te dekken. Hij rangschikt het menubordje en het vaasje met plastic bloemen, vouwt de servetten of scheurt ze doormidden. Dan, onzeker: 'Komt u donderdag terug?

En hoe gaat het met Stella? Doet ze het goed op school?'

'Alleen maar tienen.'

'Waar is ze? Wanneer komt ze?'

'Zal ik haar halen?'

'Graag.'

Ik loop weg en kom terug. 'Hallo, pap!'

René straalt. Ik ben maar net op tijd, verzucht hij. De drukte is slopend. 'Ik moet van overheidswege...de kok vertelde...het congres is jammerlijk...als mijn studeren aan het werk...niet vergeten...waar is?'

Er zijn dagen dat mijn vader te moe en te ziek is om een gesprek te kunnen voeren. Op een middag, tijdens het eten, doet hij zijn uiterste best. Twee zinnetjes zijn het resultaat. 'De kinderpasta is hier slecht uitgekomen.' En: 'De hiddemattemake.'

De volgende dag. 'Ik wil...'

'Wat wil je?'

'Naar de pudding.'

'Prima.'

'En dan naar huis.'

Eén week later praat hij honderduit. Aan tafel in het restaurant roept hij ineens: 'René van Neer... met zijn dochter... gearriveerd! Ik drijf hier al een tijdje mee.' Hoe raadselachtig dat hij in zijn gevorderde dementie plots zulke heldere momenten kan hebben. René, tot mij: 'Weet je wat het is? Ik zou weer eens graag een gezicht zien. Ik weet niet waar ik de gezelligheid moet vinden.'

Zijn blik valt op het bordje 'niet roken s.v.p.'. 'Zó,' grinnikt hij, 'als we hier nu nog een sigaretje kunnen krijgen...'

Het loopt tegen vijven. Het restaurant gaat sluiten. Ik duw René in zijn rolstoel terug naar zijn afdeling. Onderweg verheft hij zijn stem. 'Help! H-E-L-P!' spelt hij de letters hardop.

'Wat is er, pap?'

'Ik ben een beetje bang voor dit leven.'

Maandagochtend, 12 maart 2007. Mijn telefoon rinkelt. De verzorgende die belt, zegt: 'Slecht nieuws. Het is mis met uw vader.' Het is net als de vorige keer.

Nog geen drie maanden eerder, vlak voor Kerstmis, werd René stuiptrekkend in zijn bed aangetroffen. Hij had vermoedelijk een TIA, een klein herseninfarct, met als gevolg een epileptisch insult. Zijn leven hing aan een zijden draadje.

'Water!' Het is het enige verstaanbare woord in de stroom nerveuze klanken die mijn vader stottert en stamelt. Aan het eind van die maandagmiddag in maart 2007 treffen we René trillend aan in bed. Het zweet gutst van zijn voorhoofd. Zijn lichaam is verkrampt. Hij is in paniek.

Met een sponsje bevochtig ik zijn mond. Hij perst zijn lippen samen om elke druppel te benutten. Een onbedaarlijke hoestbui is het gevolg. René kan niet meer slikken. Alle hoop is vervlogen.

De dokter stelt palliatieve sedatie voor. Dan wordt René in slaap gebracht en zal nooit meer ontwaken. Ik stem in, zijn leven is een lijdensweg geworden. We zetten een enorme bos rode rozen aan zijn bed, steken wierook aan en draaien klassieke muziek. Familie en vrienden komen afscheid nemen.

Ik zit naast hem aan bed, streel zijn hand en voorhoofd, en vertel hem over de impact die ons boek heeft gehad. 'Je moest eens weten, pap, zoveel enthousiaste reacties!' Mijn vader ligt zwaar ademend op bed. Zou hij me nog horen?

'En dan heb ik hier mijn afscheidsgedicht,' vertel ik hem. 'Speciaal voor jou geschreven.'

Ik houd zijn hand vast en draag voor:

Ik droom van een land
waar mensen met Alzheimer
gewoon over straat kunnen dolen.
Op zoek naar hun huis,
het voor altijd zoekgeraakte thuis.
En dat er steeds iemand is, die zegt:
'Kom, ik breng u wel thuis.'

Tweeënhalve dag later, woensdag 14 maart, 's middags. De dokter steekt zijn hoofd om de deur. 'Is hij nou nóg niet dood?'

Tegen acht uur 's avonds is ons afscheid ophanden. René ademt nog maar licht. Links van zijn bed zit schoonzoon Cees, rechts zit ik. We houden hem vast.

Papa begint zachtjes te kreunen.

'Ga maar, René,' moedigt Cees hem aan.

'Ik houd van je, pap.' Ik kus zijn hand en voorhoofd.

Vier minuten over acht. Ineens gaan zijn ogen open, felgroen, groener dan ooit. Ze kijken strak de hemel in.

Eindelijk bevrijd, de nachtmerrie voorbij.

Dag papa, dag allerliefste maatje.

Daar ga je, met onbekende bestemming vertrokken.

12

Dood door medicijnen?

De mens met dementie als proefkonijn

1 april 2013, vijf uur in de ochtend: *ping*, klinkt het op mijn laptop. 'Mijn man krijgt net zoveel medicijnen als jouw vader,' e-mailt een mevrouw. 'Hij is volkomen gedrogeerd. Wat moet ik doen?' Een paar uur later: 'Ik heb u vannacht gemaild omdat ik ten einde raad was.'

Beide berichten zijn van Will Schroeijers. Haar echtgenoot Frans Schroeijers is opgenomen in De Hogeweyk in Weesp, bestemd voor mensen met dementie, een 'echte wijk met straten, pleinen, steegjes, een theater en een restaurant', schrijft de Vivium Zorggroep die het project exploiteert op haar website. 'Daar kunnen zij hun leven voortzetten zoals zij dat gewend waren, in de leefstijl die het beste bij hen past.'[7]

Koningin Máxima en de Zweedse koningin Silvia brengen er (op 4 april 2014) een bezoek. Cameraploegen en verslaggevers lopen er de deur plat. CNN en BBC zijn lyrisch over het project. BBC-verslaggeefster Anna Holligan bezoekt De Hogeweyk in december 2012 en vraagt zich af: 'Kunnen andere landen lering trekken uit hoe Nederlanders omgaan met deze ziekte?'[8] Jazeker, al is de les, zo zal nog blijken, anders dan verwacht.

Terug naar de e-mail van Will. 'Nu loopt Frans als een dronken man en sleept zich door de dag heen.' Wat ze hem precies toedienen, weet ze niet, wel dat het 'antipsychotica' zijn, medicijnen bedoeld voor mensen die aan psychosen lijden (bijvoorbeeld mensen met schizofrenie). Wills noodkreet is helder: 'Alstublieft, HELP mij!'

Ruim vijf maanden na die e-mail is Frans Schroeijers dood.

Frans Schroeijers werd op 28 april 1938 in Wijk bij Duurstede geboren. Hij groeide op in Tiel en werkte onder meer als lasser. Was sportief, sociaal en graag omringd door familie en vrienden. 'Geen prater, maar een doener, altijd in de weer,' zegt Will (74).

'Als hij vrij had, werkte hij in zijn moestuin,' vult zoon Frank (49) aan.

Zoon Ruud (46): 'Zachtaardig en hulpvaardig, iedereen kon bij hem terecht.'

In 2008, zeventig jaar oud, kreeg Frans de diagnose Alzheimer. Will zorgde jarenlang voor hem, totdat hij haar op een ochtend plots van zich af duwde, waardoor ze haar heup brak en in het ziekenhuis werd opgenomen. Gevolg: de zorg voor Frans viel weg. Gelukkig kon hij 18 december 2012 terecht in het wereldberoemde 'Alzheimerdorp' De Hogeweyk.

Frank: 'We dachten dat het er *top off the bill* zou zijn.'

'Het zag er schitterend uit,' vult Ruud aan.

De drie nabestaanden zitten aan de eettafel in de woonkamer in Diemen waar Frans, zo zeggen zij, langer had kunnen rondlopen als hij 'de medicijnen' niet had gekregen. Ruud: 'Die pillen hebben zoveel aan die man verpest.' Frank: 'Als het personeel goed was opgeleid, had het allemaal niet hoeven te gebeuren.'

De eerste tien dagen in De Hogeweyk verlopen vlekkeloos. De verzorgenden omschrijven hun nieuwe bewoner als een vriendelijke en opgewekte man. 'Hij staat gelijk klaar om je te helpen met taakjes,' noteert een van hen op Nieuwjaarsdag 2013 in Frans' zorgdossier.

'Mijn vader wilde meedraaien in het nieuwe gezin,' zegt Frank. Zijn nieuwe familie bestaat uit zes bewoners in de 'stadse groep', een van de 23 huisjes in de beschutte wijk.

Op 26 januari 2013 gaat het ineens mis. Rond drie uur in de ochtend wordt alarm geslagen. Frans heeft een verzorgende 'een vuistslag recht in haar gezicht' gegeven, staat in zijn zorgdossier. En: 'Met vier man op afgegaan en hij werd gespoten.' Hij krijgt een injectie met het antipsychoticum Haldol en valt kort daarop als een blok in slaap.

Waarom haalde Frans uit naar de verzorgende? Volgens zijn nabestaanden was hij gefrustreerd. De sportieve man die tot aan zijn opname nog tweemaal per week – zo'n honderd kilometer per dag! – door Noord-Holland fietste, 'kwam letterlijk beweging tekort', zegt zoon Ruud. Ze brachten hem zijn vertrouwde stalen ros na maar in de smalle straatjes van het 'Alzheimerdorp' kon hij geen sprinten trekken.

'Hij verveelde zich dood,' zegt Frank.

Er waren groepsactiviteiten ('verenigingen') waarvoor Will hem had opgegeven. 'Maar daar deed hij zelden aan mee,' zegt ze. 'De verzorgenden brachten hem er meestal niet naartoe. Daar hadden ze gewoon geen tijd voor.'

Het duurt niet lang of Frans wil naar huis en fietst regelrecht naar de receptie. Voor de bezoekers gaan de schuifdeuren open maar hém laten ze niet gaan. 'De heer voelt zich machteloos dat dit voor hem is besloten,' noteert een verzorgende in Frans' zorgdossier. Zoon Frank:

'Mijn vrouw ging vaak op bezoek. Hij was heel veel aan het huilen.'

De Hogeweyk mag dan een wijk worden genoemd, maar die zit wel op slot. En 'dat maakt hem woedend', schrijft een verzorgende half januari 2013 in het zorgdossier.

De Hogeweyk concludeert dat Frans' fiets het probleem is. Die is een 'trigger', en zou hem op het idee brengen om naar huis te gaan. De fiets moet weg, vindt Frans' dokter, een van de specialisten ouderengeneeskunde in De Hogeweyk.

De volgende dag zoekt Frans vergeefs naar zijn fiets.

Ruud: 'Ik heb hem zelden zo verdrietig gezien.'

Frank: 'Hij werd beknot. Wat hij zo leuk vond mocht niet meer.'

Will: 'Kijk, dáár werd hij nou agressief van.'

Als Frans onrustig of agressief is, besluit de dokter, mogen de verzorgenden het slaappilletje Lorazepam (1 milligram) 'zo nodig' toedienen. Er wordt echter *ook* in de pillenpot gegrepen als 'de heer verdrietig is' of als Frans 'denkt dat hij weer in de oorlog is', zo blijkt uit zijn zorgdossier. Ze helpen hooguit een uur, pent een verzorgende. Daarna wordt Frans wakker en is hij weer onrustig.

Dat Frans te weinig beweging heeft en zich verveelt, dringt schijnbaar niet door tot het zorgteam. Volgens Will en haar zonen komt er nog een probleem bij: zijn dag-en-nachtritme is verstoord. Hoogstwaarschijnlijk, zeggen zij, omdat hij te vroeg in bed wordt gelegd.

'Thuis ging Frans niet voor elf uur 's avonds naar bed en keek hij graag naar sportprogramma's. Dat hadden wij ook op het intakeformulier vermeld,' zegt Frank. Maar volgens hen gaat de sportzender zelden of nooit aan en wordt hun vader vaak al tussen zeven en acht uur 's avonds in bed gelegd. 'Ik heb hem wel weer eens aangekleed en terug naar de woonkamer gebracht,' zegt Frank. Zijn vader is vroeg uit de veren, zo blijkt uit zijn dossier. 'De heer werd om ongeveer 4:00 uur wakker en ging al aangekleed in de huiskamer zitten.' Of: '...was om 1:40 uur al aangekleed'.

Will: 'Ze zeiden: "Ja maar uw man valt al vroeg in slaap." Dan zei ik: "Dat gebeurde thuis ook. Dan deed hij een dutje maar dan maakte ik hem weer wakker."'

Bijna de hele nacht wakker geweest, want ik zie hem steeds bij de receptie zitten met zijn pet op. Ik doe niets anders dan huilen. Volgens mij kan hij beter naar huis, schrijft Will februari 2013 in haar dagboek.

Ondanks de 'zo nodig'-Lorazepams kan Frans laaiend worden als de receptionist hem niet laat gaan. Dan voegt de dokter op 13 februari een nieuw medicijn toe: het antipsychoticum Seroquel (stofnaam quetiapine), 25 milligram, twee keer per dag een half tablet.

Tijdens de eerste Seroquel-dagen wordt Frans verward. Hij kon 'de deur van de woning niet vinden (wat normaal wel lukt) en loopt wat verdwaald door het huisje', noteert een verzorgende.

Seroquel brengt niet het verwachte resultaat, integendeel. Het zorgdossier vermeldt talloze voorbeelden van onrust, verdriet, verwarring, angst en boosheid. Hij doet 'een beetje gevaarlijk op de brug', scheldt zijn buurvrouw uit 'voor dief' of 'stond met gebalde vuist voor de ruit en sloeg hier bijna tegen aan'. Het medicijn dat Frans rustiger moet maken, zorgt juist voor meer agressie. Dit verschijnsel – dat een medicijn juist het tegenovergestelde doet van wat het zou moeten doen – is niet uniek en wordt het 'paradoxale effect' genoemd.

Will in haar dagboek: 23 *Februari. Vanaf dat ik binnen ben, heeft hij gescholden, Wilde me bijten, slaan et cetera. Hij wil naar huis en zegt: 'Waarom doe ik daar niets aan.'*

Nieuw probleem: Frans kan het toilet niet vinden. 's Nachts, als permanent toezicht ontbreekt – de verzorgenden rouleren tussen de huisjes en een akoestisch systeem moet alarmeren – plast hij noodgedwongen in een hoekje in de kamer. En overdag lukt het hem niet zijn helpers duidelijk te maken dat hij hoognodig moet.

Voor Frank wordt het een routine bij zijn bezoekjes. 'Het eerste wat ik deed, was mijn vader naar het toilet brengen,' zegt hij. 'Dan kwam er heel veel urine uit. Als je met een volle blaas rond loopt, is het niet gek dat je onrustig wordt en gefrustreerd raakt.'

Het personeel was volgens de familie niet goed toegerust om met Frans' frustraties om te gaan, waardoor het kon escaleren. Frank: 'Als mijn vader over zijn toeren was, werd er een sociaal agoog opgetrommeld. Maar dat werkt natuurlijk niet. De verzorgenden in het huisje moeten zelf leren hoe ze met zulke emoties moeten omgaan.'

Ruud: 'Maar dat kunnen ze niet. Er is geen persoonsgerichte zorg.'

De Hogeweyk is hierin geen uitzondering. Uit bezoeken van de Inspectie voor de Gezondheidszorg aan ruim 250 instellingen voor ouderenzorg in 2011 en 2012 blijkt dat maar 17 procent voldoende en deskundig personeel had. 48 procent van de instellingen voldeed niet helemaal aan de norm en 35 procent zelfs helemaal niet.[9]

De verzorgenden van Frans hebben geen idee wie hun nieuwe bewoner precies is. Wat heeft hij nodig en hoe met hem om te gaan? Dat hoort in een zorgleefplan[10] te staan dat uiterlijk zes weken na opname moet worden verstrekt.

Eind februari – twee maanden na Frans' opname – is het zorgleefplan nog steeds niet opgesteld. De verzorgenden zijn de wanhoop soms nabij. Een van hen noteert vertwijfeld dat de psycholoog toch echt eens moet komen. Maar, zegt Will, 'die werd pas ingeschakeld toen alles uit de hand was gelopen'.

Seroquel wordt op 27 februari gestopt, vermeldt het medicijnenoverzicht. Maar de Lorazepams niet, die moeten, nog steeds 'zo nodig' toegediend, hun werk blijven doen.

Will staat erop dat Frans terug naar huis komt. 'Mijn heup was intussen goed hersteld.' Ze heeft geïnformeerd bij de dagbesteding waar Frans tot aan zijn opname naartoe ging en waar hij het goed naar zijn zin had. Will: 'Daar kon hij gewoon weer terecht.' Maar nee, 'geen goed plan', noteert haar contactpersoon in het zorgdossier. Dat zou niet goed zijn voor 'zijn en haar veiligheid'.

Sterker nog, zijn vrouw blijkt zélf het probleem. De verwijderde fiets heeft zijn onrust niet opgelost, nu is Frans' echtgenote 'een duidelijke trigger van de onrust van de heer', aldus de notulen van de vergadering (20 maart) van het MDO (Multi-Disciplinair Overleg). Op deze vergadering wordt overwogen om de op 18 maart ingestelde bezoekregeling om te zetten in een bezoekverbod. Op 20 februari was al eerder een bezoekregeling getroffen. Deze hield in dat Will twee keer per week en op vaste tijden onder begeleiding van een 'sociaal agoog' op bezoek mag komen. En er is nog steeds geen zorgleefplan. 'Pas na mijn derde aanmaning werd het zorgleefplan opgesteld,' zegt Frank. 'Toen was mijn vader al ruim drie maanden daar. Zodoende ontbrak essentiële informatie voor de verzorgenden, de arts en ons om een goed en compleet beeld van mijn vader te hebben.'

Als de bezoekregeling in maart net van kracht is geworden, krijgt Frans opnieuw het antipsychoticum Haldol toegediend, dit keer in de vorm van pilletjes, aanvankelijk met toestemming van Will. Maar als ze 's avonds gaat googelen op Haldol schrikt ze van wat ze leest. Rond middernacht belt ze de hulplijn van Stichting Alzheimer Nederland en krijgt te horen: 'Nooit Haldol toedienen!'

De volgende dag belt ze de dokter in De Hogeweyk. 'Die zei: "Geen Haldol? Dan gaan we weer Seroquel geven."' Will protesteert. 'Ik vond het idioot dat zijn gedrag, dat door omstandigheden is uitgelokt, met medicijnen moest worden opgelost.'

Tijdens dit telefoontje zegt Will het nog maar eens: 'Ik wil mijn man terug! Hij moet naar huis.' Geen sprake van, zegt de dokter. Will heeft haar uitspraken letterlijk genoteerd: *Dan kan ik een gerechtelijk bevel halen en kan hij helemaal niet meer naar huis.*

De arts zet door en Haldol wordt weer vervangen, door Seroquel, zo blijkt uit het medicijnenverslag. Die dag komt de psycholoog voor het eerst met Frans kennismaken. 'De heer maakte een desperate indruk en was meerdere keren aan het huilen tijdens het onderzoek,' noteert hij.

Met Seroquel wordt het alleen maar erger, zegt Will. Frans organiseert zijn eigen activiteiten. Onvermoeibaar sleept hij met meubels. Klimt over relingen en hekken. Maakt gevaarlijke capriolen in een winkelkarretje en op een dag sleept hij de hometrainer door de wijk. De verzorgenden worden bang voor hem. Ook wordt genoteerd dat Frans een medebewoonster zou hebben geprobeerd te wurgen. 'Ik herkende mijn man niet terug,' zegt Will. 'Vaak hebben we tegen de dokter gezegd: "Stop met die medicijnen. Frans wordt er agressief van. Hij vertoont het gedrag van een junkie." Maar ze geloofde ons niet.'

De dokter denkt er heel anders over: de dosis Seroquel

is te laag! Ze begon met '2 maal daags 12,5 mg'. Nog geen week later (25 maart 2013) wordt de dosis in de avond verhoogd naar 25 mg. Vier dagen later wordt, overigens zonder dat de familie het weet, de dosis verhoogd naar in de ochtend 25 mg en 's avonds 37,7 mg. Daar komt de familie pas achter als ze naar de medicijnen informeren. Dan blijkt ook dat Frans nog steeds Lorazepam krijgt en een nieuw middel: het sterke slaapmiddel Dormicum dat de dokter 22 maart aan de medicijnenlijst heeft toegevoegd, 'zo nodig'.

Hij zit gevangen in zijn eigen web en dat web wordt alsmaar dichter. Radeloos steekt hij zijn sterke armen in de lucht, schrijft Will in haar dagboek.

Nu ligt Frans overdag vaak in diepe slaap. Maar als hij wakker wordt is het 'Alzheimerdorp' te klein. 'Ik ben niet gek, weg met die troep,' roept hij als hij zijn medicijnen moet innemen. Vijf dagen na de verhoogde dosis Seroquel blijft hij meubels verplaatsen en heeft hij 'zijn kamer gebarricadeerd', noteert een verzorgende. Meneer is druk maar wel 'onstabiel op zijn benen'.

Versuft door de pillen maakt hij een smak. De volgende dag valt hij weer. Eén dag later maakt hij weer een smak en moet hij naar het ziekenhuis in Blaricum 'vanwege toenemende hoofdpijn na valpartij en hoofdletsel'. Daar neemt een neuroloog het medicijnenlijstje onder de loep. Will: 'Hij keek ervan op. "De val," zei hij, "is veroorzaakt door te veel versuffende medicijnen." Het antipsychoticum Seroquel diende per direct te worden gestopt. '"Dit medicijn leidt namelijk tot agressie," zei de neuroloog.' Will is opgelucht: eindelijk iemand die het begrijpt.

'Advies ziekenhuis: Seroquel tot nader order stop', schrijft de dokter van De Hogeweyk, zo blijkt uit het zorgdossier. Er is niets terug te vinden van een zorgvuldige afbouw van het gebruik van Seroquel, terwijl het *farmacotherapeutisch kompas* – de 'bijbel' voor dokters – waarschuwt dat 'na staken ontwenningsverschijnselen' een van de bijwerkingen is die 'zeer vaak' voorkomen. Bij geen enkel antipsychoticum dat deze dokter inzet, is iets over afbouwen te lezen. Ze ruilt het ene lukraak voor het andere in.

Het is 11 april 2013 als de dokter met een nieuw lijstje komt. Het antipsychoticum Zyprexa (stofnaam olanzapine), te beginnen met tweemaal daags 2,5 mg, nog geen week later verhoogd naar tweemaal daags 7,5 mg. Daarnaast krijgt Frans nog steeds Lorazepam, driemaal daags 1 mg, plus tweemaal daags 'zo nodig'. Het slaapmiddel Dormicum 7,5 mg voor de nacht en 15 mg als 'ingrijpmedicatie', maar wel 'na overleg met de arts'. En: Temazepam (zonodig 20 mg), om in te slapen. Vier dagen later komt er nóg een medicijn bij: Ebixa, een zogenaamde 'dementieremmer'. De familie raakt het spoor bijster, zegt Will: 'We hadden vaak geen idee wat hij moest slikken.'

Stofnaam	Merknaam	12	13	14	15	16	17	18	19	20	21	22	23	24
Midazolam	Dormicum													
Lorazepam	Temesta													
Temazepam	Restoril													
Olanzapine	Zyprexa													
Memantine	Ebixa													

Het overzicht van de medicijnencocktail die Frans van 12 tot en met 24 april 2013 in De Hogeweyk kreeg toegediend. [Bron data: RECEPT MUTATIE FORMULIER betreffende patiënt F.J. Schoeijers, Vivium Hogewey; Arts: xxx; Apotheek Archipel, d.d. 24 april 2013, blad 3]

Op 13 april krijgt Frans naast de gewone slaapmiddelen Lorazepam en Temazepam, om drie uur 's middags 15 mg van het slaapmiddel Dormicum ingespoten. Om kwart over negen 's avonds wordt hij op zijn kamer gevonden. 'De heer is gevallen [...] De heer lag onder de kast.' Rond elven krijgt hij Temazepam, en een paar uur later Lorazepam, zodat hij gaat slapen. Daar blijft het bij, want hij is 'erg onrustig en wankel. Groot valgevaar, durven de heer even niets meer te geven,' noteert een verpleegkundige. 'Om 6.45 uur gevallen in zijn kamer. Lag voor de deur. [...] Geen zichtbaar letsel, maar dat is moeilijk te peilen bij de heer.' Hij loopt 'alsof zijn benen zwaar zijn'.

Frans viel al vaak maar in april wordt het dagelijkse kost. Soms is het gissen. Bijvoorbeeld als een verzorgende zijn haren wast en een schaafwond op zijn hoofd ontdekt. 'De heer is waarschijnlijk vannacht gevallen.'

Een paar dagen later heeft Frank ontdekt welke medicijnen zijn vader krijgt en stuurt een e-mail naar degene die inhoudelijk verantwoordelijk is voor zijn vaders zorg. 'Ik maak mij zorgen over de bijwerkingen van de olanzapine,' schrijft hij. 'Mijn vader is hartpatiënt en heeft hartfalen.' Hij vraagt zich af of de dokter de bijsluiter heeft gelezen: 'Hartkloppingen of onregelmatige hartslag. [...] Dit is vooral van belang voor mensen met hartfalen.'

In die e-mail vraagt hij ook, al voor de derde keer, of het slaapmiddel Lorazepam kan worden afgebouwd. Maar, zegt Frank, 'de dokter trok zich er niets van aan.' In het MDO van 20 maart 2013 staat het zelfs zwart op wit: 'Arts is leidend in het afspreken van medicatie, echtgenote kan hierin niet beslissen dit te stoppen/veranderen.' Frank: 'Niemand hield toezicht op die arts. Ze deed gewoon wat ze wilde. We wilden een andere arts maar dat mocht niet van het management.'

In het zorgdossier van 17 april: 'De heer sliep diep in zijn stoel, door aanspreken geen reactie, pijnprikkel toegepast.' Dezelfde dag: 'De heer was bijna niet wakker te krijgen. Verpleegkundigen zijn erbij gehaald.' Frans wordt op bed gelegd en 'de heer kwam weer bij'. Twee dagen later: 'Reageert bijna niet als we de heer wakker maken.' Later die dag: 'Hij is niet wakker te krijgen, reageert zelfs niet meer op pijnprikkels.' Twee dagen later: 'De heer is heel valgevaarlijk en valt af en toe staande in slaap.'

'Op het dieptepunt hing hij scheef in een stoel,' zegt Will. 'Soms begon zijn hele lichaam te trillen. Hij kon niet meer lopen, niet meer slikken en alleen nog fluisteren. Hij zei: "Ik ben helemaal gek in mijn hoofd!"'

Frank: 'Hij was compleet van de wereld. Je kon geen contact meer met hem krijgen.'

Will: 'Knock-out. En als hij weer bij zijn positieven kwam, ging hij de gekste dingen doen. Hij klom in een winkelkarretje en riep: "Ze gaan schieten!" In het begin dachten we nog: het zal wel bij het ziekteproces horen.'

Het is 24 april als Frans, zonder zijn vertrouwde familie, in een auto naar een psychiatrische kliniek in Hilversum wordt gebracht. Een verzoek van zoon Frank om één dag uitstel, zodat hij zijn vader bij deze ingrijpende gebeurtenis kan begeleiden, wordt genegeerd. Sterker nog, als Frank weer belt, blijkt zijn vader al onderweg. 'Hij werd meteen in een isoleercel geplaatst,' zegt Will. 'Maar ze merkten dat Frans niet het monster was zoals De Hogeweyk hem had afgeschilderd. Een van de verzorgenden aldaar noemde hem "een toffe peer".'

Het eindverslag van deze kliniek zit in het zorgdossier en bevestigt wat de familie al die tijd vergeefs probeerde duidelijk te maken. Een: Frans moet niet te vroeg naar bed. Twee: hij moet geholpen worden bij het toiletbezoek en drie: hij moet wat omhanden hebben omdat hij zich verveelt.

Maar ook de psychiaters in de kliniek blijven psychofarmaca verstrekken. Een paar dagen na zijn opname maakt de wankel lopende Frans weer eens een smak en belandt opnieuw in het ziekenhuis. Zijn sufheid is 'waarschijnlijk medicamenteus', schrijft de neuroloog. Advies: 'Medicatie (benzodiazepine en olanzapine) afbouwen.'

De kliniek stelt een eigen cocktail samen. De olanzapine wordt vervangen door Dipiperon (stofnaam pipamperon), de al eerder toegediende 'dementieremmer' Ebixa en om te slapen krijgt hij Melatonine en Temazepam. Ook is er een antidepressivum ingezet: Trazodon. En als 'ingrijpmedicatie', 'bij extreme onrust', mag een injectie met 50 mg Tranxene worden toegediend.

Begin juli verruilt Frans de kliniek voor De Stichtse Hof in Laren, een ander verpleeghuis van de Vivium Zorggroep – de familie heeft namelijk geen vertrouwen meer in De Hogeweyk. In het nieuwe verpleeghuis vindt Will zijn gouden kroon, met tand en al, bij de was. Wat blijkt? Zijn mond is ontstoken. 'Hij moet enorm veel tandpijn hebben gehad.'

De Stichtse Hof is een wereld van verschil met De Hogeweyk, zeggen Will en haar kinderen. 'De verzorgenden gingen empathisch met hem om. Zij wisten hem goed te benaderen. Dat had direct effect, hij werd vrolijk en zijn onrust veel minder.'

Half augustus. De dokter in De Stichtse Hof is bereid de medicijnen af te bouwen. 'Maar het kwaad was al geschied. Er was niets meer van Frans over,' zegt Will. 'Hij was sterk vermagerd en hing helemaal scheef in zijn rolstoel. Op 22 augustus, ik weet het nog heel goed, zei hij tegen mij: "Ik zal nooit meer lopen." Frans kwam zijn rolstoel niet meer uit. Kort daarop kreeg hij koorts en overal pijn.'

'Op een gegeven moment heeft hij zijn fysieke ineenstorting ook zelf aanvaard,' zegt Will. 'Hij stopte met eten en wilde bijna niet meer drinken. Ik denk omdat hij zijn dood wilde versnellen. Toen we op een vrijdagavond in september begonnen met afscheid nemen, wist hij dat het zijn einde was. Er liep een traan over zijn wangen. Frank zei tegen hem: "Nou pa, tot ziens." Waarop Frans: "Ik hou van je." Hij wist het gewoon, het is gebeurd.'

Op 9 september 2013 overleed Frans op 75-jarige leeftijd.

De Hogeweyk reageert...

Vanwege de privacy wil De Hogeweyk niet ingaan op het verhaal van Frans Schroeijers. Directeur van De Hogeweyk Jannette Spiering wil wel in het algemeen reageren. 'We zijn terughoudend met antipsychotica,' zegt ze in haar kantoor. 'We zitten hier op 12 procent, dat is ver onder het landelijk gemiddelde.'

Over de medicijnen van Frans en de doseringen zegt Spiering: 'Ik moet ervan uit mogen en kunnen gaan dat de specialist ouderengeneeskunde datgene heeft gedaan wat zij in haar professionele verantwoordelijkheid noodzakelijk achtte. En ik moet kunnen vertrouwen op de systemen van een toezichthoudend apotheker.'

Zorgmanager Maria Hamers, die het gesprek bijwoont, zegt: 'Ik heb heel veel vertrouwen in de dokter die in deze casus voortdurend ruggenspraak met een vooraanstaand psychiater heeft gehouden.' En het personeel is heel deskundig, zo stellen beiden.

In de kritiek van Frans' nabestaanden herkennen zij zich niet, behalve dat het zorgleefplan te laat is gemaakt. 'Dat had niet mogen gebeuren,' zegt Spiering. Maar ze hebben alles gedaan om het voor Frans aangenaam te maken.

Spiering vat samen wat volgens hen de kern van het probleem was: 'Voor veel mensen met dementie is wonen in een groep met zes of zeven mensen ideaal. Voor een klein percentage echter niet.' Frans viel onder deze categorie, zegt ze, omdat er in De Hogeweyk te veel prikkels zijn. 'In de huiskamer gebeurt van alles. De televisie staat aan. Er wordt gekookt. Bezoek loopt in en uit. Buiten vinden ontmoetingen plaats. Maar als je niet met zoveel prikkels kunt omgaan, is dat allemaal te veel. Dan raak je overprikkeld.'

Will Schroeijers is verbaasd. 'In De Stichtse Hof waren net zoveel prikkels. Maar daar ging het wel goed, en waarom? Omdat het personeel deskundig is,' besluit ze. 'Zij weten hoe je moet omgaan met mensen met dementie.'

DOKTER, WAT SCHRIJFT U NU WEER VOOR?

– verwarrende richtlijnen bij dementie

Twee derde van de verpleeghuisbewoners met dementie krijgt psychofarmaca voorgeschreven, zoals slaap- en kalmeringspillen, antidepressiva en/of antipsychotica. Dat stelt prof. dr. Sytse Zuidema, specialist ouderengeneeskunde. Zijn René en Frans hierdoor ziek geworden? Hebben deze pillen hun dood misschien zelfs bespoedigd? We nemen hun pillen onder de loep. En komen in een complete chaos terecht. Deugt een bepaald medicijn nu wel of niet? Moet je twee of zes milligram toedienen? De richtlijnen voor dokters – van huisarts tot geriater en van neuroloog tot specialist ouderenzorg – spreken elkaar vaak tegen. En wie houdt toezicht?

Antipsychotica

Uit onderzoeken van de laatste zeven jaar blijkt dat in Nederland momenteel 28 procent (Zuidema, 2015)[11] van de mensen met dementie in verpleeghuizen antipsychotica krijgt toegediend. Over de situatie thuis is niets bekend. 'Het gebruik van antipsychotica bij mensen met dementie in verpleeghuizen is gedaald, van 37 naar 28 procent, dat is het goede nieuws,' aldus Zuidema. 'Die daling is minder dan ik had verwacht, maar toch, het is gedaald. Maar daar staat tegenover dat middelen tegen angststoornissen en antidementiemiddelen met hetzelfde percentage zijn gestegen. Onder aan de streep betekent dit dat in acht jaar tijd het gebruik van psychofarmaca ongeveer gelijk is gebleven.' Het resultaat verbaast Zuidema. 'In Groot-Brittannië is na 2003, toen psychofarmaca geregeld negatief in het nieuws waren, het gebruik van vooral antipsychotica sterk gedaald. Ik had een dergelijke sterke daling ook in Nederland verwacht, te meer omdat de werking van de pillen helemaal niet zo goed is.'

Antipsychotica zijn goedgekeurd voor mensen met schizofrenie of een psychose, zegt klinisch geriater en klinisch farmacoloog dr. Paul Jansen. Hij is Hoofd Management van het onafhankelijke Expertisecentrum Pharmacotherapie bij Ouderen (EPHOR). 'Een heel andere populatie dus dan ouderen met dementie, daar zijn de antipsychotica niet goed op onderzocht.' Geneesmiddelen en hun doseringen worden uitgeprobeerd bij jonge doorgaans mannelijke vrijwilligers en patiënten jonger dan 65 jaar, legt Jansen uit. Hun lichaam zit anders in elkaar dan dat van kwetsbare ouderen. 'Het oude brein met Alzheimer is veel gevoeliger voor de effecten en bijwerkingen van antipsychotica en andere psychofarmaca in het algemeen. Als je ze voorschrijft moet je voor veel lagere doseringen kiezen dan bij jonge mensen.'

Een schot hagel

Jansen vergelijkt de werking van antipsychotica bij kwetsbare ouderen met een schot hagel: 'Je schiet op heel veel receptoren. Hoe hoger de dosis, hoe meer je raakt en hoe meer ongewenste bijwerkingen je krijgt.'

Een greep uit de lange lijst bijwerkingen van antipsychotica: hallucinaties, slaapproblemen, jeuk, eczeem, droge mond, sufheid, hoger risico op vallen, darmverstopping en rusteloosheid.

Frans Schroeijers had ook last van een ander, opmerkelijk soort bijwerking, het *paradoxale effect*: het middel dat je geeft om iemand rustig te maken, wekt juist onrust of agressie op. Jansen maakt het in de praktijk regelmatig mee. 'Wanneer en waarom zoiets gebeurt, kun je niet voorspellen.'

Er zijn ook ernstiger bijwerkingen, zoals longontsteking en een herseninfarct. 'En dus uiteindelijk ook de dood,' concludeert Jansen.

Hoeveel ouderen met dementie overlijden vroegtijdig aan antipsychotica? In Nederland zouden dat er in 2011 tussen de 550 en 761 geweest zijn (plus nog eens tussen de 495 en 684 herseninfarcten)[12]. De rekensom werd gemaakt naar aanleiding van een onderzoek van de Britse hoogleraar Dementie Sube Banerjee[13]. Die zocht uit hoeveel ouderen met dementie in Engeland vroegtijdig stierven als gevolg van antipsychotica. De resultaten werden vertaald naar de Nederlandse situatie. Jansen: 'Ik vraag me af of je dat zó mag vertalen. Ik denk eerder dat de boodschap moet zijn: deze middelen zijn niet onschuldig, kunnen ernstige bijwerkingen hebben. Denk goed na! Bovendien hebben slechts 17 van de 100 ouderen met dementie baat bij antipsychotica.'

Eind maart 2015 verschijnt er een nieuw onderzoek[14] naar de effecten van psychofarmaca op mensen met dementie, in het wetenschappelijke tijdschrift *JAMA Psychiatry*. De onderzoekers gebruikten de medische gegevens van maar liefst 90.000 Amerikaanse oorlogsveteranen van 65 jaar en ouder met dementie, gedurende een periode van tien jaar (1998-2008). Hoofdonderzoeker Donovan T. Maust

(MD) ontdekte dat van de gebruikte antipsychotica Seroquel, Zyprexa, Haldol en Risperdal de laatste twee verantwoordelijk zijn voor de *grootste* vroegtijdige sterfte. In een ander onderzoek, gepubliceerd in *Medisch Contact* op 24 februari 2012, stelde wetenschapper Huybrechts vast dat toediening van Haldol een ruim *tweemaal* zo hoge vroegtijdige sterftekans opleverde onder ouderen met dementie als Risperdal.[15] Laten Haldol en Risperdal nu net de voorkeur genieten in de richtlijnen van diverse artsenorganisaties in ons land! En dat terwijl Risperdal (dat René kreeg toegediend) in Nederland het *enige* geregistreerde (lees: goedgekeurde) medicijn is tegen agressie bij mensen met dementie.

Haldol: niet doen, waarschuwt steeds meer onderzoek

René kreeg Haldol (stofnaam haloperidol) langdurig voorgeschreven. Bij Frans bleef het beperkt tot een eenmalige spuit en daarna, voor korte tijd, tabletten. Haldol-fabrikant Janssen Pharmaceuticals geeft een 'black box warning' af op haar website[16]: 'Het injecteren van Haldol voor de behandeling van patiënten met een aan dementie gerelateerde psychose, is niet goedgekeurd.'

Haldol en Risperdal veroorzaken de grootste vroegtijdige sterfte. Desondanks wordt Haldol toch aanbevolen, bijvoorbeeld in de richtlijn van de Vereniging voor Klinische Geriatrie[17], bij ouderen met dementie die agressief of geagiteerd zijn. Met Risperdal (stofnaam risperidone) staat Haldol bij agressie en agitatie in hun richtlijn zelfs op nummer één. Ook huisartsen lezen in deze richtlijn dat Haldol gerust kan worden toegediend als ouderen met dementie agressief worden. Maar een arts die voor de zekerheid nog even het Farmacotherapeutisch Kompas (de 'bijbel voor artsen') checkt, leest daar: 'Haloperidol is *niet* goedgekeurd voor de behandeling van gedragsstoornissen bij dementie.' Dat moet verwarrend zijn.

Maar stel dat een dokter toch Haldol wil toedienen bij een oudere met dementie, wat is dan de juiste dosis? Is dat 2 mg (Richtlijn Nederlands Huisartsen Genootschap)[18] of drie keer zoveel, 6 mg per dag (Verenso richtlijn 2011, bijlage 3, pagina 26)? Misschien maar ergens in het midden gaan zitten?

Seroquel: fabrikant zegt ja, bijsluiter nee

Frans kreeg ook Seroquel (stofnaam quetiapine). En opnieuw verwarring over voor wie het geschikt is en in welke dosis. Producent AstraZeneca beweert dat het middel *effectief* is bij onrust bij ouderen met dementie. En dat de cognitieve vermogens niet worden aangetast. Maar in de Nederlandse bijsluiter[19] staat juist dat een oudere met dementie Seroquel *niet* moet innemen: 'De groep van geneesmiddelen waartoe Seroquel behoort kan bij oudere patiënten met dementie het risico op een beroerte of in sommige gevallen het risico op overlijden verhogen.'

Seroquel is *niet* effectief bij mensen met dementie. Tot die bevinding kwam professor Clive Ballard (2005) in een onafhankelijk onderzoek, gepubliceerd in het gezaghebbende *British Medical Journal*. En de cognitieve vermogens zouden juist wel worden aangetast. Die boodschap lijkt te zijn opgepikt door de Vereniging voor Klinische Geriatrie. Hun richtlijn[20] meldt namelijk dat quetiapine *niet* effectief is 'bij de behandeling van neuropsychiatrische symptomen bij dementie'. De website[21] van EPHOR waarschuwt met een 'code oranje' wat betekent: 'niet geadviseerd voor toepassing bij de kwetsbare oude patiënt'. Bovendien kunnen forse bijwerkingen optreden. Dr. Paul Jansen van EPHOR licht toe: 'Je kunt er een heel erg droge mond van krijgen, problemen om je urine kwijt te raken, harde ontlasting, geheugenproblemen en een acute verwardheid, kortom een delier. Dan ben je nog verder van huis.'

O, dus Seroquel had helemaal niet aan Frans verstrekt mogen worden! *Hoewel?* Wie het Farmacotherapeutisch Kompas erop naslaat, kan tot een andere conclusie komen: alleen als een oudere met dementie daarnaast nog een *andere* aandoening heeft (zoals een herseninfarct, hoge bloeddruk of diabetes), is het beter Seroquel *niet* te verstrekken. Aha, dus ouderen met dementie die deze aandoeningen niet hebben, mogen dit middel wél?

En hoe zit het met de dosis? Eind maart 2013 kreeg Frans 's ochtends 25 mg en 's avonds 37,7 mg Seroquel. Bij elkaar dus ruim 62 mg per dag. 'Dat is te veel,' laat professor Rob van Marum desgevraagd per e-mail weten. 'Veel ouderen vallen al om bij 25 mg.' Van Marum is farmacoloog en deskundige op het gebied van geneesmiddelen voor ouderen. Een bevriend verpleeghuisarts laat echter weten dat dit geen 'extreem hoge' doseringen zijn, verwijzend naar het Farmacotherapeutisch Kompas'[22]. Onder het kopje 'ouderen' (dementie wordt niet apart vermeld) staat daar dat je mag starten met 50 mg per dag. Maar vielen ouderen niet al om bij 25 mg? De richtlijn van Verenso[23] voor specialisten ouderengeneeskunde en sociaal geriaters is vaag.

Zyprexa

Frans kreeg ook Zyprexa (stofnaam olanzapine). Net als bij Seroquel (quetiapine) krijgt olanzapine van EPHOR[24] de waarschuwende 'code oranje': 'niet geadviseerd voor toepassing bij de kwetsbare oudere patiënt' met een aanvullende waarschuwing voor 'een delier' (acute verwardheidstoestand). De maker van Zyprexa, farmaceut Eli Lilly & Co, waarschuwt zelf ook. In de Nederlandstalige bijsluiter[25] schrijft de fabrikant: 'Het gebruik van Zyprexa door oudere patiënten met dementie wordt niet aanbevolen aangezien er ernstige bijwerkingen kunnen optreden.' En het Farmacotherapeutisch Kompas[26] is glashelder: het medicijn wordt 'niet aanbevolen bij aan dementie gerelateerde psychose en/of gedragsstoornissen door meer kans op sterfte en CVA.'

Conclusie: Frans heeft niet de juiste medicijnen gehad.

Antipsychotica bij Lewy Body Dementie

Lewy Body Dementie (LBD) is een vorm van dementie die dertig jaar geleden nog niet werd herkend en dus pas laat is 'ontdekt'. Het kenmerk van LBD zijn de zogenoemde Lewy Bodies die in diverse plekken in het brein ontstaan. Bij LBD zie je een combinatie van denk- en bewegingsstoornissen die ook bij de ziekte van Parkinson voorkomt. Daarnaast hebben mensen met LBD vaak last van hallucinaties.

René, de hoofdpersoon van dit boek, had naast Alzheimer ook LBD, zo bleek uit autopsie-onderzoek van zijn hersenen. Het gelijktijdig hebben van Alzheimer en LBD komt veel voor.

Hoeveel mensen hebben (ook) LBD? Uit een Amerikaans onderzoek (2004) gepubliceerd in het *Journal for Clinical Psychiatry*[27] blijkt dat het hier gaat om 20 tot 34 procent van alle ouderen met dementie. Uit een recent overzicht in *Psychological Medicine* (2014; 44:673-83) blijkt dat één op de 25 mensen met dementie LBD heeft. Op poliklinieken is dit één op de dertien. Waarschijnlijk is het getal nog hoger, omdat telkens weer blijkt dat de diagnose LBD vaak wordt gemist.

Het was al langer bekend, maar een Duits onderzoek uit 2011[28] meldde het nog eens: ouderen met LBD zijn overgevoelig voor bijna alle antipsychotica. Klinisch geriaters worden hier in hun richtlijn voor gewaarschuwd. Neuroloog Rien Vermeulen stelt echter: 'Ga er maar vanuit dat ze voor álle antipsychotica overgevoelig zijn.' Maar een specialist ouderengeneeskunde of sociaal geriater die de richtlijn van de eigen beroepsgroep, die van Verenso[29], erop naslaat, leest dat hij/zij ouderen met LBD bij agressie of agitatie het beste Seroquel voor kan schrijven. Het Farmacotherapeutisch Kompas schrijft dat je bij LBD juist terughoudend moet zijn met het toedienen van Seroquel. EPHOR op haar beurt geeft de voorkeur aan weer een ander antipsychoticum, clozapine (merknaam Leponex).

Wat dan *wel* voor te schrijven? Rivastigmine. Althans dat zeggen onderzoekers in het gezaghebbende Britse medisch vakblad *The Lancet* (2000): 'Patiënten [met LBD] die rivastigmine namen waren significant minder apathisch en angstig, en hadden minder wanen en hallucinaties dan patiënten in de controlegroep[30].' Merkwaardig genoeg raadt het Nederlands Huisartsen Genootschap (NHG) zijn huisartsen juist af om cholinesteraseremmers (zoals rivastigmine) voor te schrijven[31]. Reden: er zou (te) weinig bekend zijn over de effecten bij LBD.

Als blijkt dat instanties en onderzoeken elkaar tegenspreken, hoe verwarrend moet het dan voor onze dokters zijn? En hoeveel ouderen met dementie zijn hier de dupe van?

Experimenten

In Nederland is, zoals eerder vermeld, alleen Risperdal goedgekeurd voor agressie bij mensen met dementie. Het toedienen van alle andere antipsychotica bij dementie – het zogenaamde 'off-label' voorschrijven – staat gelijk aan experimenteren, zegt dr. Jansen van EPHOR. 'Je weet dus niet wat je aan het doen bent. Als je off-label voorschrijft, moet je toestemming hebben van de patiënt, en als die wilsonbekwaam is, van de vertegenwoordiger,' aldus Jansen. 'Als die het er niet mee eens is, mag je het niet voorschrijven.' De familie van Frans is naar eigen zeggen bijna nooit om toestemming gevraagd.

Als het allemaal is zoals hierboven beschreven, waarom worden deze middelen dan toch nog zo veelvuldig aan mensen met dementie gegeven?

Jansen ziet twee belangrijke oorzaken: allereerst de *verwachting* van dokters, verpleegkundigen en familie dat deze middelen heel goed zouden werken. 'En heel vaak is het ook de wanhoop van zo'n patiënt, en de onmacht van het behandelteam: wat moeten we ermee? Soms zet de verpleging de dokter onder druk: "Nou *moet* je wat doen."' Een onderzoek van de arts Esther Blokland in 2009[32] bevestigt dit. Naar blijkt voelen artsen zich in maar liefst 17 procent van de gevallen door verplegend personeel onder druk gezet om antipsychotica voor te schrijven. Maar een antipsychoticum kan ook ineens 'in de mode raken' nadat een arts over dat specifieke geneesmiddel een heel enthousiast, maar theoretisch artikel heeft geschreven. Dat is bijvoorbeeld gebeurd met Dipiperon (stofnaam pipamperon), een van de middelen die Frans tijdens zijn opname in een psychiatrische kliniek kreeg.

Daarnaast kan ook gebrek aan kennis een rol spelen. Onwetendheid wat betreft de geringe werking en grote risico's maar ook over hoe goed om te gaan met onrust en agitatie, zo concludeerde Sytze Zuidema in zijn promotieonderzoek in 2008[33].

Specialist ouderengeneeskunde en filosoof Bert Keizer ziet het ook als een centenkwestie: er is te weinig geld voor meer personeel. 'In plaats van aandacht komen wij met onze pilletjes,' zegt hij. En: 'Ouderenzorg is armenzorg, dat zit in ons DNA. De afkeer van oudere mensen die niet meer bijdragen aan de economie en aan de voortplanting van de soort, die afkeer is er niet uit te knuppelen.'[34]

Professor Rob van Marum[35] ziet een verband met gebrek aan scholing. 'Een aantal jaren geleden was er een studie in Engeland. Daar zijn ze in een verpleeghuis de verzorgenden gaan trainen. Wat bleek? Het gebruik van antipsychotica daalde fors, werd gehalveerd.'

Een ouderenpsychiater ten slotte die in het verleden als verpleeghuisarts werkte, zegt dat het een kwestie van cultuur is. 'Je komt ergens te werken, en je collega's vertellen je welke antipsychotica in die instelling worden gebruikt.'

Slaapmiddelen bij dementie

Lorazepam

Het Pharmacotherapeutisch Kompas[36] en de Richtlijn van de Nederlandse Vereniging voor Klinische Geriatrie[37] raden Lorazepam aan bij 'acute behandeling van geagiteerd gedrag', maar waarschuwen voor ernstige bijwerkingen bij mensen met dementie: slaperigheid overdag, spierzwakte, duizeligheid en het al eerder besproken *paradoxale effect*: acute opwinding, verwarring, agressiviteit, waanideeën, woedeaanvallen, nachtmerries, hallucinaties, psychoses en onaangepast gedrag. Ook is er, zo stelt EPHOR, 'een verhoogd risico op vallen en fracturen en het vermindert de cognitieve functie'. Simpel gezegd, je verstand gaat erdoor achteruit.

Lorazepam is bovendien reuze verslavend. 'Nooit langer dan 8-12 weken gebruiken', lezen we in een aantal richtlijnen. Frans kreeg het bijna gedurende zijn gehele verblijf in De Hogeweyk. Een combinatie met andere slaap- en kalmeringsmiddelen kan zelfs dodelijk zijn. Frans kreeg er in april 2013 wel drie: Lorazepam, Temazepam en Midazolam.

En de dosis? Op 11 april 2013 staat in zijn zorgdossier: 'Drie maal daags 1 mg Lorazepam, plus tweemaal daags "zo nodig". De bijsluiter van Lorazepam[38] raadt voor ouderen de *helft* van de dosering voor volwassenen aan, omgerekend 1,5 mg per dag. Rekent u zelf maar uit…

Midazolam

Net als Lorazepam is ook Midazolam erg verslavend. Daarom adviseert het Pharmacotherapeutisch Kompas 'alleen incidentele toepassing of kortdurend gebruik gedurende maximaal twee weken' en wordt er gewaarschuwd voor 'meer kans op vallen en fracturen bij bejaarden'[39]. De website apotheek.nl waarschuwde de gebruiker op een wel heel concrete manier: 'U heeft bijvoorbeeld meer kans te vallen als u 's nachts uit bed moet om naar het toilet te gaan.'[40] En ook hier kans op 'paradoxale reacties (zegt het Kompas): rusteloosheid, agitatie, agressief gedrag, hallucinaties, woede en ongepast gedrag. En zoiets griezeligs als *anterograde amnesie*: het onvermogen om nieuwe herinneringen aan je geheugen toe te voegen. Ouderen lopen bovendien het risico, aldus EPHOR, op een 'vermindering van het cognitieve vermogen'. Als je dementie hebt, zit je daar vast niet op te wachten...

Tot slot de dosis. 'Bij ouderen of verzwakte patiënten nooit meer dan 7,5 mg per dag', schrijft het Kompas. Op 11 april 2013 start Frans met 7,5 mg (voor de nacht) en 15 mg als 'ingrijpmedicatie'. Bovendien krijgt hij naast Midazolam 's avonds nog een ander slaapmiddel: 20 mg Temazepam. Seroquel, Lorazepam, Midazolam, Temazepam: is het een wonder dat hij voortdurend valt?

Antidepressiva: werken niet!

René en Frans kregen naast antipsychotica en slaapmiddelen ook antidepressiva. René kreeg Seroxat (stofnaam paroxetine), Frans (in de psychiatrische kliniek) Trazodon (stofnaam trazodon). En dit terwijl uit verscheidene onderzoeken blijkt dat antidepressiva niet helpen bij mensen met dementie.[41] Het pakt alleen maar nadelig uit, bijvoorbeeld door het hoge risico op valbreuken.

Ebixa: remt dit middel de dementie?

Frans kreeg ook nog Ebixa (stofnaam memantine) voorgeschreven. Dit middel zou het dementieproces tijdelijk afremmen. Het is al sinds 2003 op de markt, maar ondanks jarenlang onderzoek is er nog steeds geen steekhoudend bewijs gevonden dat memantine de dementie echt af zou remmen, aldus onder andere het Pharmacotherapeutisch Kompas[42]. Een huisarts die de huisartsenrichtlijn NHG Standaard Dementie[43] raadpleegt, leest daar over 'een positief, *minimaal* effect', maar daar wordt bij vermeld dat 'de klinische relevantie van onderzoeksresultaten onduidelijk' is. De Richtlijn *Diagnostiek en Behandeling Dementie* van de Nederlandse Vereniging voor Klinische Geriatrie, Neurologie en Psychiatrie[44] meent juist dat memantine *effectief* zou zijn bij matig-ernstige tot ernstige dementie. De huisartsen Marieke Perry en Eric Moll van Charante[45] merken op dat er geen onderzoek gevonden is naar de effecten van memantine op de kwaliteit van leven, institutionalisering of sterfte, dat de studies doorgaans van matige kwaliteit zijn en vaak worden gesponsord door de farmaceutische industrie. Het ontbreken van systematisch onderzoek naar ernstige bijwerkingen met ziekenhuisopname leidt nog eens extra tot een negatieve verhouding tussen de voor- en nadelen van het geneesmiddel.

Hoe kan het dat de richtlijnen zo uiteenlopen?

Neuroloog professor dr. Rien Vermeulen wijst op de lobby van de farmaceutische industrie: 'Iedere arts die weleens in een richtlijnencommissie heeft gezeten, zal moeten toegeven dat een vertegenwoordiger van de farmaceutische industrie hem of haar benaderd heeft,' zegt hij. 'De informatie die door zo'n vertegenwoordiger wordt gegeven kan onmiskenbaar niet juist zijn. Dergelijke onjuiste informatie heb ik vervolgens door collegae in de richtlijnencommissies naar voren horen brengen. Ik heb mij altijd afgevraagd of die collegae te dom waren om de onjuiste informatie op waarde te kunnen schatten of opzettelijk die onjuiste informatie brachten om de industrie een dienst te bewijzen.'

Paul Jansen van EPHOR wijst op een ander aspect. De richtlijnen zijn weinig up to date. 'Het maken van een richtlijn duurt vaak een paar jaar en is dikwijls gestoeld op de wetenschap van pakweg tien jaar terug.' En, vervolgt Jansen: 'Men heeft geen belangstelling voor ouderen.' Wie is 'men'? 'De registratieautoriteiten.'

Wie houdt toezicht?

De Inspectie voor de Gezondheidszorg (IGZ) zegt op haar eigen website dat zij zich verantwoordelijk voelt voor de handhaving van de kwaliteit van de geboden gezondheidszorg.[46] En dat zij daar waar deze kwaliteit tekortschiet maatregelen treft[47]. We vragen of zij toezicht houdt op de medicijnen bij dementie. Een woordvoerder laat per e-mail weten dat ze tijdens inspectiebezoeken nooit naar de voorgeschreven psychofarmaca kijken, '... omdat we niet op de stoel van de behandelaar kunnen gaan zitten'. De IGZ wil niet weten waarom een bepaalde cliënt bepaalde medicijnen krijgt. 'Daar gaat de inspectie niet over, dat is aan de arts.'

Er zijn alternatieven!

In vrijwel alle richtlijnen staat dat je eerst *niet-medicamenteuze* interventies moet uitproberen, voordat je naar de pillendoos grijpt. Zo leest een huisarts in de 'Standaarden' van het NHG[48] dat hij/zij de oudere met dementie (een combinatie van) psychosociale interventies, zoals begeleiding, cognitieve en gedragsinterventies, moet adviseren die aansluiten bij de zorgbehoefte. De NHG-richtlijn geeft verder aan dat je bij 'probleemgedrag' eerst naar somatische en psychosociale problemen bij de oudere moet kijken. Maar óók naar 'kenmerken van de mantelzorger, zoals ongeduld, overbelasting of een verstoorde interactie met de patiënt'. Behandeling met medicijnen mag 'alleen bij acute psychose of agressie [en] bij onvoldoende effect van niet-medicamenteuze interventies', aldus de NHG-richtlijn. Bovendien moet de medicatie 'zo snel mogelijk worden afgebouwd'.

Er zijn genoeg alternatieven die in de praktijk goed blijken uit te pakken. Niet uit onderzoek helaas, want het meeste geld voor onderzoek gaat naar medicijnen, of bijvoorbeeld naar het waardeloos gebleken drankje Souvenaid, waarvan de firma Danone hoopte dat het de kassa's zou laten rinkelen, zoals uitvoerig in het nieuws is geweest.

Hier volgen alvast enkele voorbeelden van wat mogelijk is: de techniek schrijdt voort, zoals de ontwikkeling van zogenaamde 'dementie-apps'.

Verder: zorg voor voldoende prikkels, voor een 'verrijkte omgeving', zoals professor dr. Erik Scherder het noemt.[49]

Voorkóm dat de oudere met dementie de hele dag zit te niksen, dan stort het brein in, om Scherder weer te citeren.

Voorkom dat de ouderen vroeg naar bed gaan. Dan

worden ze veel te vroeg wakker en raakt hun biologische klok verstoord. Die klok is weer een beetje te herstellen door de oudere bloot te stellen aan voldoende helder licht, zoals dr. Eus van Someren met baanbrekend onderzoek [50] heeft aangetoond. Ga dus lekker veel naar buiten.

Zorg voor een zinvolle daginvulling, ook mensen met dementie hebben dat nodig.

En bovenal, verplaats je in de belevingswereld van de mens met dementie en bejegen ze goed. Geef ze persoonlijke en liefdevolle aandacht.

Verpleeghuizen en thuiszorgorganisaties: school uw medewerkers! Gemeenten: zorg ervoor dat de mens met dementie erbij kan blijven horen. En neemt u vooral een kijkje op de website www.innovatiekringdementie.nl. Daar vindt u talloze voorbeelden die u zeker zullen inspireren. Succes!

Bijlage 1

Dementiewoordenboek van René van Neer

Aangestoken handdoek	vuile zakdoek
Achterdwang (van deze patstelling geen … kunnen maken)	er helemaal niets van begrijpen
Afbedankt	afgedankt
Afbikkelen	tot de laatste kruimel opeten
Afdrimmen (handen …)	handen afdrogen
Amateuradisch	amateuristisch
Beafscheiden	afscheid nemen
Bekoelerd	koeler
Belasteren	belasten
Benutsel (geen flauw … hebben)	geen flauw benul hebben
Bonkelen (handen …)	handen wassen
Buiten-extreem	buitengewoon
Deviezenmaaltijd	diepvriesmaaltijd
Droomheid	droomwereld
Eetbewaarapparaat	ijskast

Emotionele betrokzaamheid	emotionele betrokkenheid
Gankeltje	koekje
Gastman	gastheer
Geheugenprekels	geheugenperikelen
Geraffiniteit	geraffineerd
Gespikkeld	geïrriteerd
Gretten en groenten	volledige maaltijd
Haalbare vermoeidheid	uitputting
Handen	bordjes
(je ... vastknijpen)	in je handen knijpen
Hanteergeld	cashgeld
Harde veteranen	betrouwbare vrienden
Honderdtal (in het ... lopen)	in het honderd lopen
Huis-tuin-en-keukensluis	sinaasappel
IJskist	ijskast
Juichen (om naar huis te...)	om naar huis te schrijven
Knoop (geen ... meer aan kunnen vasttouwen)	geen touw meer aan kunnen vastknopen
Koeierij op intocht	plotselinge drukte
Koeren	van koers veranderen
Kosten noch meute besparen	kosten noch moeite besparen
Kurkhof	kerkhof
Lijk (het ... door ons vak halen)	ons vak door het slijk halen
Lusten	mogen
Massa-kwak	diarree
Minstand (een ... aanknagen)	een misstand aanklagen
Neusdroognatmaker	zakdoek

Onderlaat	luier
Onderweg (met iemand … kunnen)	met iemand overweg kunnen
Óp serveren	observeren
Opwarmding	magnetron
Orthodoctisch verantwoord	wetenschappelijk
Outstep	uitstapje
Overkomen	opkomen
Patstelling (van deze … geen achterdwang maken)	zie: achterdwang
Perken (door de … aan het licht komen)	uiteindelijk wel duidelijk worden
Pluizig (het is hier niet …)	het is hier niet pluis
Prijswinst (de … winnen)	afrekenen
Prikkelig	prikkelbaar
Proefstappen	betekenis onbekend
Pssjt pssjt	naar de wc moeten
Regarderen (het regardeert alle groepen)	iedereen wordt er slechter van
Ringetje	koekje
Schroef	sleutel
Sjaggerig	chagrijnig
Sjoemelen	sjoelen
Snierig	snibberig
Stoprechten	recht op zelfbeschikking
Tijdverslibberij	tijdverspilling
Trotzel	trots
Uitbanjeren	uitbaggeren
Uitlaat	anus
Vasttouwen (geen knoop meer aan kunnen …)	geen touw meer aan kunnen vastknopen
Veertje	wc-papier

Vermoeien	bemoeien
Versplonken	verorberd
Verzamelaars	leden van een studiegroep
Walsen (de poppen aan het ...)	de poppen aan het dansen
Zweggen	betekenis onbekend

Bijlage 2

Vertaling van de Limburgse taal

p. 40

Menier Van Neer, geer maag neet zoe mer de kamer vaan iemes aanders inloupe.

Meneer Van Neer, u mag niet zomaar andermans kamer binnenstappen.

Meh menier Van Neer, boerum zouwt geer uuch dao zoe drök euver make?

Maar meneer Van Neer, waarom zou u zich daar druk over maken?

p. 41

Iech wèl gere weite wie iech d'r veur staon. 't Is neet miene stijl um sjöld te make.

Ik wil graag weten hoe ik ervoor sta. Het is niet mijn stijl om schulden te maken.

Alles weurt veur 'ch gerangeerd, zèt 'ch mer rösteg.

Alles wordt voor u geregeld. Gaat u rustig zitten.

Kint geer m'ch vertèlle of einen euro eine cent 49 of eine cent 50 is?

Kunt u mij vertellen of een euro één cent 49 of één cent 50 is?
Met dit soort zake hoof geer uuch neet bezig te hawwe. Dat regelt 't zörgkantoer.
Met zulke zaken hoeft u zich niet bezig te houden. Dat regelt het zorgkantoor.

p. 43
Menier Van Neer, kom ezzebleef trök.
Meneer Van Neer, kom alstublieft terug.
Oonmeuglek. Iech höb gei broed mie in hoes.
Onmogelijk. Ik heb geen brood meer in huis.
Meh menier Van Neer, daan gaon iech toch mèt uuch mèt.
Maar meneer Van Neer, dan ga ik toch met u mee.
Wèlt g'r dat ezzebleef neet mie doen.
Wilt u dat alstublieft niet meer doen.
Dit is zjus veur herhaoling vatbaar.
Dit is juist voor herhaling vatbaar.

p. 45
Zeuk g'r get? Moot g'r soms nao de plee?
Zoekt u wat? Moet u soms naar het toilet?
Meh menier Van Neer, g'r höb 'ne eige plee op de kamer.
Maar meneer Van Neer, u hebt een eigen toilet op uw kamer.

p. 52
Menier Van Néér... menier Van Néér... die folders höb g'r al.
Meneer Van Neer... meneer Van Neer... die folders hebt u al.

p. 69

Zoe geit 't neet langer. Iech kin ab-stríép-se-stríép-luut neet functionere. Iech staak.

Zó gaat het niet langer. Ik kan áb-stréép-so-stréép-luut niet functioneren. Ik staak.

Menier Van Neer, gaot uuch toch zètte.

Meneer Van Neer, gaat u toch zitten.

Zelfs de woen- en verbliefplaots vaan mie personeel weurt achtergehawwe.

Zelfs de woon- en verblijfplaats van mijn personeel wordt achtergehouden.

Menier Van Neer, v'r höbbe heerleke sop.

Meneer Van Neer, we hebben héérlijke soep.

Geer goejt mie vak te grabbel. Mèt alle theorieje weurt e luipke genome. Mienen inbring weurt volkoume genegeerd.

U gooit mijn vak te grabbel. Met alle theorieën wordt een loopje genomen. Mijn inbreng wordt volkomen genegeerd.

Gaot ezzebleef rösteg ete.

Gaat u alstublieft rustig eten.

Iech wèl neet zitte, neet ete! Iech daon pas weer mèt es iech dudelekheid höb euver mie team.

Ik wil niet zitten, niet eten! Ik doe pas weer mee als ik duidelijkheid heb over mijn team.

p. 100

Iech dink dat iech oet bèd bin gevalle.

Ik denk dat ik uit bed ben gevallen.

Zal 'ch d'r 'n plaoster op doen?

Zal ik er een pleister op doen?

Nein, daanke.

Nee dank u.

Wat komp geer doen?

Wat komt u doen?
'n Plaoster bringe.
Een pleister brengen.
Maak dat de kat wies, mooswief!
Maak dat de kat wijs, marktvrouw!

p. 101
G'r moot op 'r beurt wachte.
U moet op uw beurt wachten.
'ch Höb toch betaold veur dat ete?
Ik heb toch betáálд voor die maaltijd?
Jao, g'r höb betaold. Meh g'r moot eur beurt aofwachte.
Ja, u hebt betaald. Maar u moet uw beurt afwachten.

p. 107
Slik 't mer aof mèt dit water.
Drinkt u maar met dit water.

p. 119
Boe gaot g'r nao touw?
Waar gaat u naartoe?

p. 123
Zèsenderteg... einentachteg... veertien.
36... 81... 14.
Vieftien... achenzesteg... negenentwinteg.
15... 68... 29.
Achtien... twieënveerteg... negenenderteg.
18... 42... 39.

p. 124
Goojemiddeg menier Van Neer, komp g'r zoe astrein lunche?
Goedemiddag meneer Van Neer, komt u zo meteen lunchen?

Höbbe veer daan 'ne maoltied bestèld?
Hebben wij dan een maaltijd besteld?

p. 134
Mama, veurwat deit dee menier zoe raar?
Mama, waarom doet die meneer zo raar?
Aoh, dee menier is dement.
Aha, die meneer is dement.
Zjus wie Oma, wètste wel? Demente luikes doen zoe, umtot ze niks mie wete.
Net als oma, weet je wel? Demente mensen doen zo, omdat ze niets meer weten.

p. 135
Menier Van Neer, geer moot drejje. E stepke nao links.
Meneer Van Neer, u moet draaien. Een stapje naar links.
Jao, jao iech verstaon 't wel.
Ja ja, ik versta het wel.
Geer moot goon zitte.
U moet gaan zitten.
Zit neet zoe aon m'ch te plökke.
Zit niet zo aan me te plukken.
Aanders kin iech uuch toch neet helpe?
Anders kan ik u toch niet helpen?
Laot m'ch mèt rös. Iech daon 't liever zelf.
Laat me met rust. Ik doe het liever zelf.
Goon zitte, menier Van Neer.
Ga zitten, meneer Van Neer.
Iech daon mien bès.
Ik doe mijn best.
Laot uuch mer valle, iech höb uuch vas.
Laat u maar vallen, ik heb u vast.
Gewoen laote valle.
Gewoon laten vallen.

O jee, o jee, o jee. Laot miech los.
O jee, o jee, o jee. Laat me los.
Menier Van Neer!
Meneer Van Neer!

p. 143
Jao, jao, rösteg mer. Iech huur d'ch wel.
Ja, ja, rustig maar. Ik hoor je wel.
Iech weet dat ste d'r bis.
Ik weet dat jij er bent.
Iech bin wel wakker meh iech krijg m'n ouge neet ope.
Ik ben wel wakker, maar krijg mijn ogen niet open.

p. 145
Menier Van Neer! Wat is ter gebäörd? Höb g'r uuch pijn gedoon?
Meneer Van Neer! Wat is er gebeurd? Hebt u zich bezeerd?
Nou, iech val wel dèkser.
Nou, ik val wel vaker.

Bijlage 3

Noten

1 Jet Bruinsma, 'U hebt nergens recht op'. In: *de Volkskrant*, 6-5-2013. Het volledige citaat luidt: 'Wij hebben ons afhankelijk gemaakt van zorg door professionals. We moeten zelf verantwoordelijkheid gaan dragen. Niet zeggen: ik heb recht op AWBZ. U hebt nergens recht op.'

2 Enzo van Steenbergen, 'Urine over enkels? Structureel'. In: *NRC*, 8 & 9-11-2014. De staatssecretaris werd in verlegenheid gebracht door zijn eigen vader die in een interview in het *Algemeen Dagblad* vertelde over de toestand in het verpleeghuis van zijn vrouw. Personeel zou er vaak afwezig zijn, vertelde Van Rijn senior, hij moet er soms uren 'oppassen' op de afdeling met ouderen met dementie. De urine zou zijn vrouw regelmatig langs de enkels lopen.

3 René van Neer, *Inleiding tot de psychologie* (Malmberg); *Het leren – deel 1: leertheorieën en de betekenis ervan voor het onderwijs* (Malmberg); *Het leren – deel 2: hoofdstukken uit de psychologie en de beteke-*

nis ervan voor het onderwijs (Malmberg); *Concentratie op school – omgaan met het concentratievermogen van de leerling* (Zwijsen).

4 Bron: Gezondheidsraad. *Dementie*. Den Haag: Gezondheidsraad, 2002; publicatienr. 2002/04.

5 Aldus onderzoeken van onder anderen prof. dr. Erik Scherder en prof. dr. Eus van Someren. Zie ook de website www.lichtvoorlater.nl

6 Bron: een studie van pijnonderzoeker Erik Scherder, gepubliceerd in *British Medical Journal*, januari 2005.

7 De website van De Hogeweyk: http://www.vivium.nl/hogewey.

8 Oorspronkelijke tekst: 'Could other countries learn lessons from how the Dutch are dealing with the disease?' Bron: http://www.bbc.com/news/health-20727157

9 Bron: http://www.igz.nl/zoeken/document.aspx?doc=Verbetering+van+kwaliteit+ouderenzorg+gaat+langzaam&docid=7469. Hier is het meest recente inspectieverslag van juni 2015: http://www.igz.nl/zoeken/document.aspx?doc=Kijken+met+andere+ogen+naar+mensen+met+dementie+onbegrepen+-gedrag&docid=8679

10 Definitie zorgplan (of zorgleefplan) volgens de Zorgstandaard Dementie: een zorgplan is het verzameldocument van alle acties en afspraken van betrokken zorg- en hulpverleners bij de cliënt en diens naasten ten dienste van het realiseren van afgestemde zorg, het bundelen van verschillende informatiestromen en het bijhouden van een kerndossier. Een zorgplan beschrijft het geheel van wonen, welzijn en zorg afgestemd op de specifieke behoeften, vragen en wensen van een persoon met dementie en diens naasten. Uitgangspunten zijn eigen regie en zelfmanagement

en de ondersteuning hiervan. De doelen, afspraken en evaluatiemomenten van de persoon met dementie en zijn naasten zelf én met alle woon-, welzijns- en zorgdiensten van de verschillende professionals die allen methodisch en state of the art werken volgens de richtlijnen van de eigen beroepsgroep worden hierin vastgelegd.

11 M. te Winkel, 'Nog altijd krijgen veel ouderen met dementie psychofarmaca', op de website 'Kennisinzicht' van het UMCG, 22 april 2015.

12 Bron: *Medisch Contact*, 3 juni 2011, p. 1369 (http://bit.ly/1OcwWwy)

13 http://www.bsms.ac.uk/research/our-researchers/sube-banerjee/

14 http://archpsyc.jamanetwork.com/article.aspx?articleid=2203833

15 http://www.bmj.com/content/344/bmj.e977. De onderzoekers benadrukken in hun conclusie daarom dat niet-medicamenteuze behandeling van gedragsstoornissen veroorzaakt door dementie, de voorkeur geniet. Als medicamenteus ingrijpen echt nodig is, moet de dosis zo laag mogelijk zijn en is goede monitoring vereist.

16 Dit is een voorbeeld van een zogenaamde 'black box warning', zoals hier door Janssen Pharmaceuticals op de digitale bijsluiter van het door haar geproduceerde Haldol. Oorspronkelijke tekst: 'Elderly patients with dementia-related psychosis treated with antipsychotic drugs are at an increased risk of death [...] a risk of death in drug-treated patients of between 1.6 to 1.7 times the risk of death in placebo-treated patients [...] Haldol injection is not approved for the treatment of patients with dementia-related psychosis.' (http://www.janssenpharmaceuticalsinc.com/as-

sets/Haldol_USPI_0911.pdf)
17 http://www.radiologen.nl/files/file/Praktijk/Protocollen%20en%20Richtlijnen/Conceptrichtlijn%20d (p. 9 onderaan)
18 https://www.nhg.org/standaarden/volledig/nhg-standaard-dementie#Richtlijnenbeleid (in de paragraaf 'Behandeling van probleemgedrag met psychofarmaca')
19 http://db.cbg-meb.nl/Bijsluiters/h20826.pdf
20 http://www.nvkg.nl/uploads/Qe/7u/Qe7uzyw-Z6v3rsnkv9z26JA/Richtlijn_Diagnostiek_en_Behandeling_van_Dementie_DEFINITIEF.pdf (p. 112)
21 http://ephor.nl/media/1069/antipsychotica-versie-dec-2012.pdf (p. 3)
22 http://www.farmacotherapeutisch.kompas.nl/preparaatteksten/q/quetiapine.asp
23 Bron: http://www.werkenindeouderengeneeskunde.nl/wp-content/uploads/2011/04/NVVA-richtlijn-probleemgedrag.pdf (p. 28 en 29)
24 http://www.ephor.nl/media/1069/antipsychotica-versie-dec-2012.pdf (p. 3)
25 http://www.lilly.nl/global/img/nl/pdf/zyprexa_tabletten_bijsluiter.pdf (p. 3)
26 http://www.farmacotherapeutischkompas.nl/preparaatteksten/o/olanzapine.asp (zie 'Waarschuwingen en voorzorgen')
27 Andrius Baskys, 'Lewy body dementia: the litmus test for neuroleptic sensitivity and extrapyramidal symptoms'. In: *J Clin Psychiatry*. 2004;65 Suppl. 11:16-22. Bron: http://www.ncbi.nlm.nih.gov/pubmed/15264967
28 L.M. Drach, 'Drug treatment of dementia with Lewy bodies and Parkinson's disease dementia–common

features and differences'. In: *Med Monatsschr Pharm.* 2011 Feb;34(2):47-52; quiz 53-4. Bron: http://www.ncbi.nlm.nih.gov/pubmed/21428015
29 http://www.verenso.nl/assets/Uploads/Downloads/Richtlijnen/VER00316Probleemgedragherzien02.pdf (p. 26)
30 http://www.thelancet.com/journals/lancet/article/PIIS0140673600033997/abstract
31 https://www.nhg.org/standaarden/volledig/nhg-standaard-dementie#Richtlijnenbeleid (zie 'Medicamenteuze behandeling')
32 http://www.innovatiekringdementie.nl/a-1038/Gebruik-antipsychotica-gevolg-van-onwetendheid
33 *idem*
34 Joop Bouma, 'Zorg met een rottig beetje geld'. In: *Trouw* 1-6-2011.
35 http://www.innovatiekringdementie.nl/a-122/dr.-rob-van-marum-geen-pillen-maar-scholing
36) http://www.farmacotherapeutischkompas.nl/preparaatteksten/l/lorazepam.asp
37 http://bit.ly/richtlijn_diagnostiek_en_behandeling_van_dementie_2014
38 http://db.cbg-meb.nl/Bijsluiters/h11691.pdf
39 http://www.farmacotherapeutischkompas.nl/preparaatteksten/m/midazolam.asp
40 http://www.apotheek.nl/medicijnen/midazolam?product=midazolam
41 http://www.innovatiekringdementie.nl/a-559/antidepressiva-bij-dementie-zinloos-en-gevaarlijk
42 http://www.farmacotherapeutischkompas.nl/preparaatteksten/m/memantine.asp
43 https://www.nhg.org/standaarden/volledig/nhg-standaard-dementie#Richtlijnenbeleid (zie 'Medicamenteuze behandeling')

44 http://www.radiologen.nl/files/file/Praktijk/Protocollen%20en%20Richtlijnen/Conceptrichtlijn%20dementie.pdf (p. 9)
45 *Nederlands Tijdschrift voor Geneeskunde* 2015: 159: A 8939 (https://www.ntvg.nl/artikelen/herziene-richtlijn-dementie-langs-de-meetlat)
46 'Handhaving. Uit het toezicht kan blijken dat bijvoorbeeld geleverde zorg kwalitatief door de bodem zakt of dat medische producten en geneesmiddelen niet voldoen aan de geldende eisen. De inspectie zet dan maatregelen in, zodat de regels en afspraken worden nageleefd of onverantwoorde zorg niet kan worden aangeboden.' Bron: http://www.igz.nl/onderwerpen/handhaving_en_toezicht/
47 'De inspectie neemt handhavingsmaatregelen bij meldingen die op ernstige tekortkomingen in de kwaliteit van zorg duiden of die structurele tekortkomingen in de zorg aan het licht brengen. De maatregelen kunnen variëren van advies en stimulering tot correctie of dwang.' Bron: http://www.igz.nl/onderwerpen/handhaving_en_toezicht/incidententoezicht/index.aspx
48 https://www.nhg.org/standaarden/samenvatting/dementie#Richtlijnenbeleid (zie 'Niet-medicamenteuze interventies' en 'Beleid bij probleemgedrag')
49 Erik Scherder: 'Verrijk de omgeving', gepubliceerd op de website Innovatiekring Dementie (20-9-2010).
50 Zie http://www.lichtvoorlater.nl/eus.html